L'espoir maintenant

希望の法務

法的三段論法を超えて

明司雅宏　著

商事法務

はじめに

新型コロナウイルスの感染拡大において、世界中の様々な活動が制約された。都市は封鎖され、スポーツやコンサートなどのイベントは延期や中止され、皆外出する際にはマスクをするようになった。一方で、各地で医療従事者に対する感謝の意を伝えるための拍手が行われ、五色に彩られるはずの、レインボーブリッジは青色にライトアップされるようになった。目に見えないウイルスとの闘いが、とりわけ、戦争のアナロジーで語られ、連帯と分離の両方がよりくっきり目に触れるようになった。米国では失業者が三割に達するという報道がなされる一方で、学校が休校になり、急に始まった在宅勤務などによるコロナ疲れという言葉も生まれた。

ただ、目の前は決して、真っ暗でもなければ、明るい光が見えているわけでもなく、ただ、桜は咲き乱れ、夏日が続くようになり、知らない間に桜が散り、紫陽花が咲く梅雨が訪れている。

皮肉なことに、あれほど、地球環境のために様々なイノベーションが必要だと叫ばれていた世界で、様々な人間の活動を抑制する外出制限の結果、インドからはヒマラヤ山脈が見えるようになり、タイではジュゴンの群れが海を泳ぐようになっている。「三密回避」ということが一般化し、ソーシャルディスタンスは日常用語になり、マスクをして会話をすることが失礼であったのに、今は、マスクなしで会話をすることがマナー違反とされる。

経済、生活、ありとあらゆることが急速に変化し、それは今も続いている。

本書は、この急速な変化の中において、企業法務がどのように変化し、あるいはどこが変化すべきではないかということについて、あくまで一つの考え方を示すものである。

今、WITHコロナや、POSTコロナなど様々な言葉が飛び交う中で、一番重要なのは、様々な考えや意見や想いを交換しあうことだと思う。留保だらけのロードマップしかない中で、わたしたちができることは、しっかり考えて、その考えを交換することに違いない。

確実に言えることは、未来を恐れてはいけないということであろう。日々企業法務の仕事をマジメにこつこつと格闘している皆さんとともに、この危機からの回復のプランを考えるきっかけになればよいと思っている。

まえがきには、決まりきった文言を書いておかなければならない。

本書の内容は、筆者の個人的な見解であり、所属する組織の見解ではないことを予め申し添える。

第八章　法務の力で未来を変える・121

第一部　WITH　CORONAの法務

第一章　そして世界は変わってしまった

一　それは徐々に、そして突然やってきた

「世界がまだ若く、五世紀ほどもまえのころには、人生の出来事は、いまよりもっとくっきりとしたかたちをみせていた。悲しみと喜びのあいだの、幸と不幸のあいだのへだたりは、わたしたちの場合よりも大きかったようだ。すべてひとの体験には、喜び悲しむ子供の心にいまなおうかがえる、あの直接性、絶対性が、まだ失われてはいなかった。」（ホイジンガ『中世の秋』堀越孝一訳・中公クラシックス〔二〇〇一年〕三頁）

わたしたちは、今年、二回目の東京オリンピックが開催され、世界中からたくさんの人々が

この国を訪れ、ある種の祝祭がなされることを夢見ていた。それとともに、Society 5.0 時代がやってくる、ＡＩが社会を変える、スタートアップやイノベーションが進展する。何かはわからないが、わたしたち企業法務にも「新しい時代」が来るはずだった。

少しばかりばかげた、そんな高揚感をあざ笑うかのように、中国で発生した新型コロナウイルスは、瞬く間に全世界、そう全世界に蔓延し、ヨーロッパ、米国など世界中の各都市で、都市封鎖が行われた。

ニューヨークやパリの街角から人影が消えた。まるでＳＦ映画のようなその姿をテレビで見ていた日本でも、学校の春休みが夏休み並みに長くなり（そのうち夏休みより長くなってしまった）、外出の自粛や店舗の閉鎖、在宅勤務など、今まで体験したことのない対応が求められた。渋谷のスクランブル交差点は、ＤＪポリスの力を借りる必要もなく、誰ともぶつかることなく歩くことができるようになり、新幹線はまるで全車両がグリーン車のように空席だらけとなり、今までの普通はどのようなものか忘れてしまうくらい、日常の光景を一変させた。

二〇二〇年一月、二月。雪が降る日もあったこの段階で、ほんの数か月後にこんな光景を目にすることになると、わたしたち法務担当者は予測していただろうか。

「新型コロナウイルス？」。

去年予防接種を受けたばかりのインフルエンザ程度という認識であったり、桜が咲く頃には出歩けるのではないか。ゴールデンウィークは久しぶりにハワイにでも行こうかと予定を立てたり、さすがに気温が高くなれば大丈夫だろうなどと、期待していたのではなかっただろうか。

もっとも株主総会が近づけば、悪戦苦闘することとなった。株主の安全を図るために来場を低減できるか。ホテル会場が閉鎖されたらどうするか。基準日を変更できるか、継続会は可能か、バーチャル総会は可能かといった悩みが次から次に生じてきた。法務省などから発出される指針に一喜一憂し、法律文献が手元にない自宅書棚を嘆きながらも、法律出版社が提供する無料記事を熟読して情報収集を行い、コロナ前に頻繁に行っていた会合の場などで培った人脈を生かして他社の動向を把握した。

とはいっても、変化といえば、まだこの程度の変化でしかないと思っていないだろうか。これが収束すれば、日常の契約審査や、法律相談の毎日が待っていると空想しているかもしれない。連日の夏日を記録する季節になっても、マスクを着用しないと会話ができず、買物にも行けない世界が来ることを、わたしたちの多くは予期できていなかっただろう。

わたしたち企業法務の機能を振り返ってみたい。

企業法務の一面は、会社の取引上のリスクを想定し、そのリスクを当事者でどのように分配し、マネジメントし、文章に落とし込み、契約書という合意に持ち込むか、というものであった。そしてわたしたちは、マスクを外しながら自問自答するのだ。

――新型コロナウイルスへの対応において、わたしたち企業法務の担当者は、この本来の機能を発揮できたのかどうか。もしも「TOKYO 2020」はきっと二〇二〇年に開催されるに違いないと思っていたとしたら――、企業法務の本来の機能を発揮していたとは、おそらくは言い難い。

法務担当者は、様々なリスクについて、専門家としての「ツール」と「良識」に従って分析を行っている。ある事象に関する法律、判例、過去事例などを調査し、そして分析して、リスクを洗い出し、その対策を立案、提示するのがその基本的姿勢である。

例えば、「相手方が倒産した場合には、貸し倒れのリスクがありますから、やはり担保を取っておきましょう。」とか、「第三者から知的財産権侵害の訴訟が提起されるリスクがありますから、相手方に全てを保証してもらう必要がありますね。」などという風に。まるで、目の前に、相手方の倒産する姿や訴状が届いている姿が浮かんでいるかのように、事業部の担当者に語るのだ。

そして事業部から、次のような返事を聞くことになる。

「相手方は当社の数倍も大きな上場企業ですよ。」「知的財産権といってもそんなに大したものではないので大丈夫です。もう一度契約交渉するのは手間なので、何とかなりませんか。」「そう、大丈夫」「そう、恐れすぎ」「そう、起こりえない」と。

そして法務担当者はこのように独りごちる。
「何があっても知らないですよ。リスクをヘッジするのがわたしたちの役目ですから、最後はあなたの判断で責任は取ってくださいね。」と。

そんなリスクを予測することが本来の業務であるはずの、わたしたちの新型コロナウイルスに対する態度は果たしてどのようなものであっただろうか。法務部門側であっただろうか。事業部門側であっただろうか。

もちろん、日々変化する国内外の様々な情報を収集・分析し、この状況は決して一時的なものでなく、場合によっては数年単位で続いていく可能性が高いということを、一月や二月の段階で経営陣に提示できた企業法務担当者もきっと多くいたであろう。

しかし、これは一時的なもので、桜が咲くころには普段通りみんなで顔を合わせることができると思っていた担当者も、もしかすると多かったのではないだろうか。あれだけ日常的にリスクを想定し、代替策を提示して、万が一、万が一と叫んでいた法務担当者であるはずなのに、なぜこの危機に対しては、「楽観的」な態度をとってしまったのだろうか。

島型の机に席を並べ、顔を合わせて議論していた時が正しいのだと思い込んでいたとすると、悲しいことに、正常化バイアスに支配されていたのだ。

そう、正常化バイアス？　それだけであろうか。

二　「自分事」か「他人事」か

はっきりしている。

法務部門の日常的な業務は、事業部門のアドバイザーである。最終的な判断はあくまで「事業部門」であるという「他人事」意識が強かった担当者は、おそらく「新型コロナウイルス」に対しても楽観的であったと言わざるをえない。そのような担当者にとっては、リスクを洗い出して代替案を提示するという今までの日常は、所詮「他人事」であったとの誹りを免れない。「ビジネスのパートナー」を標榜していても、所詮は敷居が低いくらいのキャッチコピー程度のものであったのかもしれない。

一方で、常にリスクを「自分事」として捉え、自分自身もあくまで事業の一部であり、現場、現部署と共にあるという意識を持っていた担当者は、新型コロナウイルスに対して、きっと積極的な対応を行ったに違いない。そのような担当者は、このウイルスが自社の事業、例えばサプライチェーンにどのような影響を及ぼすかを想定し、すぐに締結済みの契約書を洗い出し、例えば不可抗力条項を整理しただろう。

また、日本における情報が不足していることを憂い、アメリカやイギリスの論文をいち早く調査し、その語学力と分析力、整理力を生かして、危機管理部門や経営陣に提言していただろう。あるいは、人事・労務関連の相談に対して、形式的な法律論ではなく、新型コロナウイルスが収束した際の従業員の気持ちにまで寄り添ってアドバイスをしたかもしれない。

このような姿勢・動きは、突然できるものではない。

リスクを自分事にできず、常に自分は安全地帯にいてコメントだけをする担当者。

契約締結の責任は最終的に事業部門であるということを盾として、「誰の責任か」「誰が悪いのか」ということばかりを気にする担当者。

上司の指示が全てで、上司の発言を常に気遣い、間違いがあれば上司の責任に転嫁してしまう担当者――もちろん上司が常に正しいというわけではないが。

そのような担当者は、新型コロナウイルスのような目に見えない、想定も不可能であり、過去事例もないリスクには対応できなかったのではなかろうか。そして、すぐに元の生活に戻れるという、今では、ありえないような楽観を持っていたのではないか。

新型コロナウイルスのような災いは突然やってくる。そして、これからもきっと数年単位で、日常のようにやってくるだろう。自分ではもはや対応できないと思い込んでしまえば、人は、目をつぶるしかない。逆に、楽観的になり、遅くてもゴールデンウィークには収束すると期待してしまっていたのではないだろうか。

重要なことは、実は詳細かつ完璧なBCP（事業継続計画）が従来から自社に備わっているか否かではない。それよりも、法務部門のようなリスク担当部門がどれだけ、「自分事」として日常的に業務を行っていたかに尽きる。計画だけではなく、日常的な実践そのものこそが、一番重要なBCPであった。新型コロナウイルスは、図らずもこのことを明確にしたのだといえる。

三　今、何が必要か

「もちろん、私の楽観主義的な態度は、政治的な目論見から選択している態度だともいえます。だって、現状がどれだけひどいものなのかわかりきっていることだし、それをわざわざ伝える必要はないでしょう。

理論の果たすべき役割とは、今あるシステムを批判することだけではなく、抵抗とオルタナティヴの可能性を発見し、明確な言葉にしていくことです。」（マルクス・ガブリエル＝マイケル・ハート＝ポール・メイソン『未来への大分岐』斎藤幸平編・集英社新書〔二〇一九年〕一〇六頁〔マイケル・ハート発言〕）

しかし、過去のことをいくら言っても仕方がない。振り返って、次の世代に残さなければならない。ダメであったのなら、こけてしまったのなら、今すぐにやり直せばいい、立ち上がればいい。この時期に必要なのは、目の前の危機に対応し、将来を予測することであり、決して原因を探ることではない。それは、転んで膝から血が出ている人を目の前にして、「何故こけたのですか？」と聞くようなものである。必要なのは、消毒液であり、絆創膏であることは疑いない。

過去に戻れる、あるいは戻るべきであると思い込んでいるのなら、その思い込みは何らの対策にはならない。変わらないこと、変わるべきではないことの峻別もしながら、「変わってしまった」という冷静な認識をもち、何ができるか、何をなすべきかを判断し、実行に移していくべきであろう。

これから必要なことは、企業法務の更なる可能性を発見して、それを明確化していくことではないだろうか。過去のやり方の延長線上ではなく、主体的に新型コロナウイルスのような事象とどう立ち向かっていくか。法務担当者は言うまでもなく、感染症の専門家でもなければ、医療従事者でもない。レジを打つこともなく、モノを運ぶこともできない。

それでは、何ができるのだろうか。

漫然と、今までどおりの仕事のやり方で、淡々と業務をこなすだけであれば、先行きが暗いことは明確だ。毎日オフィスに行くことも当分はままならないだろうし、朝全員一同に会して、挨拶をすることもできない。マスクなしでは、コーヒーを飲みながら雑談をすることもできない。

しかし、できないことをいくら嘆いていても、何も生まれない。そんなあなたは、それこそウイルスに「感染」してしまっている。

繰り返そう。

今できないことを洗い出すだけなら、誰でもできる。できないことを数え上げても仕方がない。そう、必要なことは、「抵抗」と「オルタナティブの可能性」を発見することである。

つまり、新型コロナウイルスや、それ以外の様々なリスクに対して「抵抗」し、「オルタナティブ」つまり代替案を提示すること。これができないのなら、あなたは新常態である今日、実は企業法務としての仕事を何一つできていないということになる。

次章からは、企業法務の今ある光景を示しつつ、新型コロナウイルスなどの新しいリスクに対する「抵抗とオルタナティブの可能性」を少しでも示していきたいと思う。

Column 物上代位

法務担当者は、法律で一番好きな法律は何かという問いを飲み会の場で交わしたりする。例えば、憲法や刑法総則についての愛を語る人がいたり、訴訟法が好きなんですよ、という会話がなされたりする（まわりの法務担当以外の人にはオタク同士の会話にしか聞こえないだろう）。

わたしは、法律については、独学であるので、かなり偏っている。

好き嫌いはともかく、わたしが法律って面白いなと思ったきっかけになったのは、「物上代位」である。

法務を担当して数か月が経ったころ、民法の基本書を総則、物権と読み進めていけばいくほど、実務との乖離がはなはだしいように思われた（当時は実務に近い書籍は少なく、基本書の世界では日常的に他人の物を平気で売買するわ、詐欺は横行するわ、錯誤をするとすぐに第三者が出てきたりして、本を読んでいる休日と実務をしている平日の差に頭を悩ませていた）。わたしは、当時は、社印の捺印管理を行っており、全国から捺印が申請される契約書や申請書の類と毎日格闘していた。

そんなある日、債権保全のために根抵当権を設定するための契約書と一緒に、火災保険金に質権を設定する書類が申請されてきた。あまり深く考えずに書類の形式的な審査をして、それを上司に回付したところ、「根抵当権の設定を受ける際にその建物の火災保険金請求権に質権まで取得されていないことが多いと思うが、なぜかわかるかね。」と質問された。

一瞬何のことかわからなかったが、たまたまその前日に読んでいた物権法の基本書の記述が頭に浮かんできた。

「物上代位できるからですか？」その私の発言に、おそらくわたしが答えられない前提で質問したであろう上司は、「そうだ。よく勉強しているな。」と言って、再び捺印業務に戻っていった。

今でも鮮明に覚えているが、この瞬間、法律書の無味乾燥と思えた記述が、実務につながる、ある「身体感覚」ともいえる感覚が生まれたのである。

それからは、基本書だけでなく、法律雑誌や判例集の類を漁るように読んでは、毎日の実務と法律のつながりを意識するようになった。休日の読書と平日の実務が離れた点であったのが、線でつながり出した。

法律の仕事って、もしかすると面白い仕事かもしれないと思うようになった（まさか四半世紀もするとは当時は思ってもいなかったが）。

今では、具体的な実務に即した書籍やネットの記事がたくさん溢れているが、もしかすると、今わたしが新任担当者なら、上司からの問いかけに「物上代位」という答えができなかったかもしれない。

仮にできたとしても、法律と実務のつながりを身体的に感じた実感は生まれなかったかもしれないと思うのである。具体的であればあるほど、わかったという感覚がなくなるのではないか。最近ではそんな気もしているのである。

ということで、わたしが一番好きな法律の概念は、「物上代位」なのである。

第二章　企業法務と契約との往復運動

一　契約書のレビューをめぐる光景

契約書のレビューは、法務担当者の日常的業務の中で、かなりの比重を占めている。事業部門などの現場が取引先から提示された契約書の案やドラフトについて、そのまま締結した場合の自社側におけるリスクを分析し、自社に不利な事項を修正し、自社に有利な事項を追加していく。契約書のレビューとは、すなわち「作業」である。

ある商品を売り渡すという取引が発生すれば、「売買契約書」を締結することになる。その取引において、買手側である相手方が提示してきた契約書のドラフトに、「理由の如何にかかわらず、全ての責任は、売主にある」といった条項があったとしよう。

この場合、法務担当者は、「さすがにそれはないよね。詳細な設計図は買主である相手方が指定してるんだから、設計図そのものに原因がある場合は、当社では責任取れないよね」と述べて、当該条項に修正を加え、事業部門に修正案を提示するのが普通である。

事業部門に修正案を提示してから二週間（！）が経過した。縋るような眼をして目の前に現れた事業部の担当者から、相手先が契約の修正には応じないと言ってきていることが解る。話を聞けば、相手先の法務部が「この契約は当社のひな型なので、一切修正には応じられない。」ということらしい。でも、事業部としてはこの契約をどうしても取りたいのだという。

若手法務担当者であるあなたは、相手方の法務部に少しの苛つきを覚えつつも、自社が取引上、非常に弱い立場であることを理解している。

「でも、設計図は相手方が提示するんでしょう？　例えばその設計図がいい加減なのに、工場で一生懸命作った製品が不良品だと言われるのって、工場の仲間としては、どうなんでしょうかね？」と、事業部に説明をすることで、少しの抵抗を露わにする。ここでは、日頃培った演技力がモノを言うかもしれない。

その、あなたの少しの抵抗を受けて、事業部の担当者も、ふと我に返る。そう、メーカーとしての誇りを持って、モノを作っている現場を熟知している生産現場で働く仲間の姿が目に浮かぶのだ。

「確かにそれはないなあ。もう一度交渉してみるよ。しかし、相手方の法務部って、どれだけ偉いのかね？」と言って、事業部の担当者は帰っていく。

事業部担当者の背中を見ながら、あなたは、ふと思う。相手方の法務部は、確か、三〇名以上のメンバーがいて、その中には、弁護士資格を保有している者も複数いたはずだと。

自分で設計しておいて、絶対にその通りに作るように指示して、ミスがあったら、どんな場合も作った人の責任か。それは小学校の先生が習字のお手本を書いて、その通りに書いたら、「下手くそです」とコメントされ、赤点をつけられるようなものだ。

おそらく、社内で厳密なルールがあるのだろう。でも、ルールを守ること自体が自己目的化しているのかもしれない。あるいは非常に頭の固い法務部長がいるのかもしれない。と思いながらも、しばらくご無沙汰している相手方の法務部で働いているロースクールの同級生のことを少し心配する。

昨今、契約書のレビューなどをはじめとして、様々な法務業務において、リーガルテックなるＩＴ、ＡＩのシステムが急速に導入され始めている。例えば、数万件の契約書をＡＩに読み込ませ、漏れや抜けを瞬時にフィードバックするシステムなども、実用化されている。

それらのシステムでは、損害賠償条項において、当社側に不利な条項があれば、その代替案を提示してくれたりもする。点数をつけるシステムもある。そして、ＡＩが提示する代替案の挿入を指示すると、その文言が修正案として瞬時に作成される。法務部門は、その修正案を事業部門に提示することになる。

それは、果たして「法務」のなすべき「仕事」なのであろうか。人間のなすべき仕事なのであろうか。その部分だけ取り出してみると疑問にも思えてくる。

初めて契約書をレビューする若手担当者にとっては、条項の漏れ・抜けのチェックを頭の中だけで行うのは、実はかなり難易度の高い作業である。「ある」ものを修正することは比較的簡単だが、抜けているものを見出すのは難しい。

社内にある過去事例や、チェックリスト、書籍にある書式例を見ながら、この条項は必要だろうか、それとも本案件では不要な条項ではないかと逡巡しながら、先輩や上司に確認を取りながら、事業部門に提示する案を確定していく。ＡＩシステムは、その過去事例や、チェックリスト、書籍にある事例を瞬時に提示してくれるのだ。今まで法務部門のスキルと思われていた、「過去事例を思い出す」「どこにあったかを突き止める」機能は、このようにＡＩによって代替されていくだろう。

当たり前であるが、ある意味で人間よりＡＩの方が絶対に優れている。その能力は圧倒的ですらある。秘密保持契約を数万本レビューした法務担当者は流石にいないだろう。ＡＩは、過去の数万の契約を読み込んでいるし、毎日レビューされる契約を常に読み込んでいるのだ。

そうなると、法務担当者に本当に求められるのは、どのようなスキルであろうか？

二　それは、契約書ではない

まず必要なことは、契約書そのものに現れていないことを、契約書という文言に反映させるスキルである。なるほどＡＩは、確かに人間以上の契約書を読み込んでいる。しかし、ＡＩは、――当たり前ではあるが――「契約書」そのものに表現されていない事柄には沈黙している。相手方との取引の背景、双方の事業環境、その取引の事業における重要度、更には、相手方の担当者の力量。もっと言うと、その空気感、匂いといった言葉ですら表現しがたい様々な「空気」は、ＡＩはもちろん、どのような「電磁的記録媒体」にも記録・記憶することができない。

ただ、このことは、ＡＩの普及があったとしても、既存の法務業務が、全く影響を受けないということを意味するわけではない。ＡＩの一番の効果は、法務担当者にとって、契約のレビューにおける本当の価値が何かを明らかにすることである。喩えて言えば、ＡＩレビューシステムは、自動車におけるカーナビゲーションのようなものだ。

その昔カーナビゲーションがなかったころは、ドライブに出発する前に、大きな道路地図帳を読み込んで、大まかな距離、どこで曲がるか、どれくらい時間がかかるかを想定してから、運転を始めたものである。もしも途中で道に迷ったら、車を路側に止めて、再度地図を確認して、場合によっては、行路を変更して、目的地に辿り着いたものである（私が大学を卒業した年に流行った歌では、助手席に座る仕事が「ナビ」と表現されていた。恋人たちは運転席と助手席の間で一つの地図を広げながら目的地とお互いの気持ちの両方を確認していたのである）。

ところが、カーナビゲーションがあれば、目的地を入力し、あとはナビの案内に即して車を走らせるだけである。右折すべき箇所に来れば、右折するようにナビゲートされる。交差点の目印になるコンビニやガソリンスタンドなども表示される。もちろん、あと何キロ・何分で到着するかも常にアップデートされながら示される。

なるほど行路においては渋滞もあるし、突然右折してくる車もあるだろう。歩行者が飛び出してくるかもしれないし、途中工事がなされている可能性もある。最近のナビは、渋滞や工事ですらも把握してしまう。要するに、カーナビゲーションの一番の効用は、道に迷う事はないということである。

これはどういうことを示しているのだろうか。

カーナビゲーションは、自動車の運転において本当に必要なスキルは、道を憶えることではなく、ハンドルを的確に切ること、道路状況に応じてブレーキとアクセルを踏み分ける能力であることを明確にしたのである（今、近道を憶えているというベテランタクシー運転手より、ナビゲーションを備えた安全運転の運転手の方が信頼を覚えないだろうか。そして、よくあることであるが、そのベテランドライバーが憶えている「近道」が全くの近道ではなかったということも経験則上多い気がする）。

振り返って考えてみよう。ＡＩが導入された法務業務において、契約書のレビューにおける本当に必要なスキルはどういうものであろうか。それは、もしかすると、契約書の外にあるのではないか。

三　契約書をレビューするとはどういうことか

日常的に業務を行っているとどうしても、契約書文言を、単独のその契約書の文言としてしかとらえられなくなる。なるほど、それ自体は仕方がない。喩えて言うなら、日々大量の婚姻届の受付を行っている市役所職員の皆さんに、個々の婚姻届の背景にある様々な事情を理解すべきというのは酷であるのと同じである。

あなたが見る契約書は、事業部門が開発しようとしている渾身の作である新製品についての共同開発契約かもしれない。もしかすると、その秘密保持契約には、どれだけ慎重に検討しても、そもそも秘密情報などないのかもしれない。にもかかわらずその契約書の文面自体は、昨年大失敗した新製品の共同開発契約書とほぼ同一の文言であったり、特許出願につながった案件についての秘密保持契約書と同一の文言であったりするのだ。

極論をすれば、わたしは最近、法務部門の成果は、例えば、契約書のレビューであれば、契約書それ自体ではないのではないかと思うようになってきている。日々、ＡＩが契約書をレビューする光景を見ていて、その思いは強くなってきている。

契約書を週に何本レビューするという数字は、法務部門の本質的な成果ではないのだ。自動車の運転の本質が、ハンドリングとアクセルワークであり、安全にドライブすることであることであるのと同じように、法務部門の業務の本質は、契約書を作り出すことではなく、その契約に基づき作り出されたビジネスが円滑に進み、企業価値向上につながるということではないか。

そして、よい契約（契約書ではない）を作り出すには、わたしたちには、何が必要であろうか。

四　具体と抽象の往復運動

契約書とは、人間の営みを「言葉」にして、それを「法律的に意味のある言葉」に置き換えて、文章化したものといえる。昔から、「仕事ができる企業法務パーソンとは」という問いに対して、「ビジネスを理解していることだ」と言われることがあった。

しかし、それはある種、人間の営みを「法律上に意味のある言葉」に置き換えられる能力が優れているに過ぎないと考える。それだけでも十分優れた能力であるが、それだけではあくまで、ビジネスという「具体」から法律という「抽象」への「片道運動」に過ぎないように思われる。

法務担当者に必要な能力は、法律からビジネスへという「抽象から具体へ」の、もう一方の運動を組み合わせた「往復運動」を行う力ではないだろうか。

若手担当者やロースクール生から、「どのようにしたらビジネスを理解できるのか」と聞かれることがある。わたしはその問いについて、実は、瞬時にうまく答えられたことがない。法務担当者がどうしたらビジネスを理解できるのかという問いは、具体から抽象への「片道運動」のやり方に関する問いである。うまく答えられないのは、企業法務の仕事の一部分を聞かれているからだと、最近になって気づいた。

マラソンランナーに右足の使い方だけ教えてもらっても、サブスリーはもちろん、完走は無理であろう。左右の足の動きはもちろん、腕の動きなどについても一緒に知らないと意味がない。とはいえ、その全体の動き方を言葉にして伝えるのは非常に難しい。

となると、やはり自分自身で一度走ってみるしかない。最初のうちは、十キロくらい走ったところで、息が切れるかもしれない。あるいは、途中の水分補給のタイミングがうまくいかないかもしれない。ただ、優秀なコーチの元で、何度か走っているうちに、自分のペースがつかめてくる。そこで、コーチは、ようやく左右の腕の振り方、足の上げ方などを教えることができる。

そう、まずは自分自身もビジネスを行っているという意識を強く持つことである。ビジネスに入ることである。もちろん反論も予想できる。わたしたちは、ビジネスの基本を学んでいない。曰く、ビジネスなどしたことがない。

しかし、あなたの対面にいる営業担当者も、そもそも最初からビジネスを理解していたわけではない。いつも無理難題ばかり言う研究者も、学生時代と同じスタイルで研究しているわけではないだろう。

法務担当者も同じである。

最初からわかるわけはない。ただ、自分が「法務担当者」であるという意識、「インハウスローヤー」であるという意識を強く持っている限りは、未来永劫ビジネスのことなど理解できないと思う。

ビジネスパートナーではない。あなたは、ビジネスの一部であるのだ。法務部門はビジネスの中にあるし、なければならない。法務担当者、あるいはインハウスローヤーは、法務担当者であるずっと前に、「ビジネスパーソン」である筈である。

すると、最初の問いにわたしが答えられなかった理由が、より明確にわかってくる。「どうしたらビジネスを理解できるか」という問いは、「どうしたらビジネスパーソンになれるか」と同義なのである。「どうしたらよいビジネスパーソンになれるか」という問いには答えられたとしても、「そもそもどうしたらビジネスパーソンになれるのか」という問いに答えることはできない。

それはあたかも、ライオンとして産まれたライオンの子供に、「どうしたら僕もライオンになれるの？」と聞かれる親ライオンと同じことだ。ライオンは生まれながらにしてライオンである。あなたも企業に勤めているのなら、その時点で「ビジネスパーソン」なのだ。

あなたが、親ライオンに同じ質問をしてみたらどうなるか。答えは一つ。あなたは、親ライオンによって、崖から蹴落される羽目になってしまうということである。

Column

条文数と条文の素読

よく法務担当者以外の方から、「法務の方とか弁護士さんって、法律全部覚えているのですか?」と聞かれることがあるかと思う。

「覚えているわけないじゃないですか。あんなにたくさんのもの覚えられませんよ。」と答えることになるだろう。

わたしも法律の仕事を始めたころ、同じような問いを先輩方に投げたことがあるが、「暗記ではない、理解だよ。」と言われて一応納得した。

若いころ、法律を勉強していると、その無味乾燥さ(それは「物上代位」により取去られたが)とその多さに嫌気がさしそうになった。そもそもわたしが法務の仕事を始めたころは、民法はもちろん、商法もカタカナであった。民法には、「牛馬の先取特権」が規定され、牛や馬を連れて旅行していた時代が残っていて、いったいこれは何なんだと思った記憶がある。

そして、外部の弁護士の方や学者の先生方との意見交換の場に行くと、「やはりここは二六四条が適用されるところですよね。」という発言がなされ、「ニーロクヨン?」と頭がくらくらした記憶がある。

法律って暗記ではなかったはずなのではないか?

「四一五と七〇九だとここは、七〇九しか使えないですね。」と言われた日には、年号を暗記できなかったから世界史を諦めたわたしとしては、条文だけでなく、その数字まで覚えなければならないかと、「暗記ではない」と言いながら、みんなが覚えていることに、目の前が真っ暗になった次第である。

そこで、思い出したのは子供のころ読んだ湯川秀樹の伝記である。そこでは、湯川秀樹が小学校に進学する前に祖父から漢文の「素読」を教わっていたというものである。おそらく意味もわからないままに「素読」しているうちに、その内容を理解し、後日、夢の中で荘子の渾沌が浮かんできて、素粒子理論を発見したというような内容が書かれていた。

そこで、わたしも、これはやはり素読だと思い、おもむろに条文を声を出して読むことを続けてみたのである。

すると、しばらくすると、四一五という数字が「債務不履行」というイメージの数字に思えてくるし、七〇九という数字は何か悪いことをしたようなイメージに映ってくるようになった。

条文の並びや構成が文字ではなく、映像やイメージとして浮かんでくるようになり、ようやく「そうですよね。二六四条を確認しておきましょう」などと口に出すようになった。

その後、商法が全面的に改正され、会社法となり、条文数が完全に入れ替わってしまい、私の条文数が持っていたイメージはことごとく消え去ってしまった。民法が現代語化され、牛馬が民法から消えて、更には債権法が全面改正されようとしたとき、この条文数がどうなるのかが一番気になっていた。

そして、変わらないことに胸をなでおろしつつ、そろそろ、初心に帰って素読してみようかと思ってはいるものの、新型コロナウイルスにより、渾沌とした日々が続いていることを言い訳にして、未だ実現していない。

しかし、湯川秀樹のように、わたしの夢枕にはいまだ渾沌は現れない。

第三章　事業部門との関係性

一　ときに法務担当者は、なぜ事業部門のことを悪く言うのか

「私たちは、知覚できるものそれ自体だけではなく、その延長線上に、目に見えない、知覚できない何かがあると想定してしまいます。鳥居の向こうにまで、何かが続き、そこに『安全なゾーン』があると信じてしまう。同様に、何か言葉があれば、その言葉によって指定される、知覚できない何かがある、と考えることになるのです。」（郡司ペギオ幸夫『天然知能』講談社選書メチエ〔二〇一九年〕一五九頁）

事業部門など現場部署からの法律相談を受けるとき、現場がすべてを話してくれないと嘆く

法務担当者がいる。事案のある部分だけが法務部門に示され、その限られた情報に基づき法務部門としての回答を求められた。事業部門はその回答に基づいて行動して躓き、結果苦情が法務部門に寄せられた。若手法務担当者であるあなたも、そのような経験があるだろう。

「なぜもっと説明してくれないんだろう。その情報を知っていたら違う判断になったのに。」

この事象については、もちろん事業部門にも悪い側面がある。しかし、躓きの原因は法務担当者の側にあることも多い。まず、よくある誤解の元は、次のようなものだ。

「事業部門等の現部署の担当者は、法務に相談する際に、予め相談したい論点について整理してくるべきだ。」

あるいは、「整理しているはずだ。」

しかしそれは幻想だ。落ち着いて自分自身の行動について振り返ってみるといい。

あなたは、パソコンが故障した際に、パソコンのマニュアルを全て熟読し、そのロジックを確認して、整理して問い合わせをするだろうか。何か故障したけど原因がわからない。困ったからとにかくコールセンターに電話をしてみる。こんなこと聞いたら恥ずかしいかなという想いもあるけど、今このパソコンが立ち上がらないという事実は、あなたにとって最大の危機である。

無機質な声で流れるアナウンス。「アクセスポイントについてのお問合せの方は①を、データ容量についてのお問合せの方は②を、それ以外の方は③を押してください。」。どれかわからないから③を押すのだ、と呟きがこぼれる。

事業部門の問い合わせも同じようなものだと想像してみよう。法務担当者であるあなたは、コールセンターよろしく無機質なアナウンスを流していないだろうか。少なくとも法務部門に相談してきただけありがたいお客様であると思ってみるだけでも、違いは出てくるかもしれない。事業部門の担当者が最初から全てを話してくれないのは、何か話をしない、あるいはしたくない理由があるはずである。

そもそも情報がないのかもしれない。それが法務部門の判断要素になる情報だとは思っていないのかもしれない。あるいはそもそも法務部門に対する敷居が高いのかもしれない。その原因は無機質なアナウンスにあるかもしれない。

様々な理由がありえよう。ただ、事業部門のことを悪く言ってしまう法務担当者は、まず自分の胸に手を当ててみるとよい。大概の場合、その原因は、法務部門の方にある。

役に立てていない法務部門であればあるほど、つい事業部門の悪口を言ってしまう。事業部門の悪口を言うとは、単に天に唾を吐くようなものである。

二　どうしたら事業部門からの信頼を得られるのか

事業部門の担当者からこのように言われたら、どのように思うだろうか。

「私、最近新規の契約の案件で法務部さんと仕事をすることが増えたんですが、どうも使われている言葉が難しいので、会社の自己啓発プランにあったビジネス法務入門の勉強を始めたんですよ。」と。

事業部門の担当者があなたの言葉をわかろうとして近づいてきていると喜ばないだろうか。

海外からの来訪者が一生懸命日本語を勉強してきたら、親近感が湧かないだろうか。

法務部門も同じように近づいていけばいい。例えば、ビジネスの基本言語であるＭＢＡ的な項目（マーケティング、アカウンティング、ファイナンスなど）は学んだであろうか。

ＩＴの言語がわかるためにプログラミングの本を読んでみては如何だろうか。研究開発について知ろうとして、中学校の理科の教科書や高校生物・科学の教科書を再読したりしてもいいかもしれない。相手方に近づくには、まず自分から近づくべきである。特に、敷居が高いと一般的に思われている法務部門であれば、なおさらである。そういったことを一切行わずに信頼を得ようとするのは、頑なに外国語を学ばずに、自国語を押し付ける者と同じ態度である。

法務担当者としてビジネスのど真ん中で業務を行っていくにあたり、法律を学ぶことは当然としても、それをとことんまで突き詰めようとするのは、時間が無限であればまだしも、限られた時間の中で効果を上げるためには、決して有益であるとはいえない。ある程度の知識が身に付いたら、趣味として新しい法律書をたくさん読むことは有益かもしれない。しかしその時間を、ビジネスの言語を学ぶ時間に振り向けるべきであろう。

自社のサービスについての資料を読み込むのもよい。自社の製品が販売されている店舗の店頭を見ておくことも必要である。自社の記事が掲載された新聞には全て目を通しておくべきであろう。

事業部門との会話で、昨日の朝刊に掲載されたその事業部門が担当している新製品について、あなたが知らないことが判明する。それはもしかすると、それまで何百本という契約をスピーディーにレビューしたあなたの今までの成果の全てを無に帰すくらいのものかもしれない。

繰り返しになるが、法務部門の仕事の成果は「契約書」そのものではない。その契約に基づきビジネスが円滑に進み、リスクがヘッジされているという状態を作り出すことである。

当たり前であるが、契約書はあくまで「手段」であり、「ツール」である。決して、「手段」を「目的」にしてはならない。

三　事業部門の決定と自己決定論

新型コロナウイルス禍において外出自粛を破り、友人と飲食をすることは、「自己責任」であり、誰にも迷惑をかけていないからいいではないかという考え方がある。どのような思考方法でそのようになっているか私には理解不可能ではある。法哲学の言説を引用するまでもなく[1]、そのような行為が他人の感染や重篤化に影響を及ぼし、それが家族や友人に影響を及ぼすということは、コロナ禍の本質であると考えられる。

そして常識のあるあなたは、そういう自分勝手な他人の行動を見たとしても、自分自身の行動は自制するに違いない。そのとき意識はしていないが、人類、この国、あるいはこの地域の全体について思いを巡らせ、自制している。大げさに言えば、「利他の心」を働かせているのである。

それではなぜ、法務担当者は、事業部門がなす決定について、それは事業部門マターだからと他人のように接することができてしまうのだろうか。確かにそれは部署としての役割やＪＯ

[1] 例えば、「個人は団体である」という個人と団体との関係について示したものについて、安藤馨＝大屋雄裕『法哲学と法哲学の対話』（有斐閣〔二〇一七年〕）六二頁以下）などを参照のこと。

Bディスクリプションといったものを超えるのかもしれない。そして他部門の決定に口を挟むのは越権行為であると判断しているのかもしれない。越権行為は日本企業の慣習にはなじまない。良かれと思った判断も往々にして間違った方向を志向する。

しかし、危機時期である今、事業部門の行為が全社にとって良くないと確信するのであれば、比喩的ではあるが体を張って止めることはできるはずであり、それは必要なことである。その確認のためには、事実の調査と経験と様々な考察が必要であることはいうまでもないが。

契約書という文字だけで、法律という既存のルールだけで、その狭い枠の中だけで、対応していることで、自社のリスクに何らの歯止めもかけられないとしたら、法務担当者は何のために仕事をしているのであろうか。契約書をレビューする際に、何かあったときのリスクを声高に主張しながら契約のドラフティングをしていても、紙の上だけの行為に閉じこもり他に一切役に立たないのであれば、来日したインバウンド旅行者に道を聞かれても、逃げ出してしまう英語教師のようなものである。

四　必要なのは「想像力」

では、必要なことはどのようなものであろうか。

必要なのは、「想像力」であると思う。

現状がこのまま推移したとして、一体どのような状況が想定されるのか。取引先の倒産は増加するのであろうか。

従業員は在宅勤務が継続されることにより、不満が高まるのではないか。どうしても出社しなければならない部門の従業員と在宅勤務の従業員の間にギャップが生じるのではないか。

緊急事態宣言が解除されたとしても、また感染者が増加する可能性はどの程度あるのか。そしてそのような事態になれば、自社にどのような影響があるのか。

その際に、もちろん過去の事例を参照することが有益ではある。東日本大震災における事案や立法などは非常に参考になる事例である。社会的な事例であれば、「スペイン風邪」「ペスト」などについて知れば、人間があまり進化していないという点を再確認できる。

しかし、新型コロナウイルスについては、過去の事例は参考にならないことがありすぎる。

そこで必要なのは「想像力」である。十分な想像力が発揮できたら、次はトライアンドエラーを繰り返すしかない。共通の敵は、新型コロナウイルスであり、人間ではない。

「このように仕事をするには、まだ不十分でまだ不完全な結果（「自分は失敗者だ！」）を怖がらずに、あるいは執着（「これが正しいにちがいない！」）せずに見ることができなければならない。こうなってほしいことではなく、実際に起きていることに向き合って存在する必要があるのだ。また、いつ、どういう成り行きになるかも、成功するかどうかさえもわからない葛藤のある、不

快な状況でも心の平静を保てなければならない。」（アダム・カヘン『敵とのコラボレーション』（小田理一郎監訳／東出顕子訳・英治出版〔二〇一八年〕一四一頁）

残念ながら、その結果が成功するかどうかという保証はない。どういうわけか法務部門は実際に行うことに確実性を求めてしまう傾向にある。この点は意識して納得する必要がある。しかしこれを怖がらずに、法務部門としてのある種の執着を一旦「かっこ」に入れて、現実に向き合う必要があると思う。

この「かっこ」に入れるというのは、現象学でいうところの「エポケー（判断中止）」の比喩であり、乱暴にいえば、次のような思考過程をたどっていく。

ある命題や前提についてわたしたちがもっている信念や考え方を一旦「停止」する。例えば、わたしたちは、赤信号を見た際に、その「赤色」に「止まらなければならない」という規範を認識し、それが「赤色」と感じる前に「止まらなければならない」という規範が脳裏に立ち上がってくる。エポケーや「かっこ」に入れるとは、この「止まらなければならない」という規範の前提を「中止」して、「赤色」の光を赤色の光として見るという態度のことをいう。更にいうと「赤色」が持っているイメージ（アカレンジャーやリンゴ、日の丸など）すら、「停止」するということになる。

わたしたちは、ある事案、事象を見るときに、どうしても「法務の視点」で要素分解をしてしまい、意味合いをつけてしまう。それでは、その事案、事象そのものをそのまま見ることはできない。しかし、未知の事案、未知のリスクであれば、そうした「法務の視点」を一旦「かっこ」に入れて、「法的思考」を一旦停止して、事案、リスクをそのままの姿で見てみることも必要であろう。そうすると、事案、リスクの本質、わたしたちとの本当の関わり合いがわかってくると思われる。

そしてその後に、社内で一番冷静な存在として、現場の課題を一つひとつ解決していく。

想像力は、コロナ以前でも、実は必要であった能力であるといえる。

事業部門から、「この取引って契約書作成する必要がありますかね。」と聞かれて、「ルールですから」とか、「コンプライアンス上の問題がありますので」という全く意味を持たない回答をしていた法務担当者は、今こそ自省しなければならない。このコロナ禍においては、このような行動は、害をもたらしかねない。

それは「あなたの理屈」の押し付けにしか過ぎないからである。理由も述べず、とにかく食事をする際には横並びで食べなさいと指示することと、それほど変わりはない。想像力を働かせることなく、自部門の論理、ルールだけを伝え、それに従わない者を非難する論理は、危険ですらある。

では、どのようにすればいいのか。本来締結すべきといわれる契約書を、どうして現場は締結したがらないのだろうか。このことについて、想いを巡らせてみよう。そして、現場と議論ではなく、対話をしてみよう。

緊急事態宣言下において、パチンコ屋に列をなす人々を非難する人たちがいた。営業をしている店舗に貼り紙をする人たちがいた。もちろん、緊急事態宣言下でパチンコ屋に列をなす人々の行動は良くない行動であるといえるかもしれない。しかし、それを非難し続ける「警察的」行動が、彼らの行動を変化させることはない。さらに言えば、そこに列をなしているのが他人ではなく、あなたのチームのメンバーであったとしたらどうだろうか。単に非難し続けるのがよい行動であるとはいえないだろう。

まずは、なぜそのような行動をとるのか。必ず理由があると思いを巡らせてみよう。法務部門の理屈を一旦「かっこ」に入れて、相手方がどのような理屈・理由で行動しているか想像してみよう。そして、想像した相手と自分自身の間でもう一度対話を始めてみよう。

ここで反論があるかもしれない。事業部門も法務の立場に立って考えるべきではないかと。確かにそうかもしれない。法務部門のことを理解してほしいという気持ちも理解できる。しかし、自分自身について考えてもらえない相手を非難することで、生まれることは何もないのも事実である。それは、ジャック・アタリの弁を借りるまでもなく、自利のための利他の心ではないだろうか。

では、どのようにすれば、想像力を働かすことができるのか。逆説的に聞こえるだろうが、それは、法務担当者が長年学んだ「法的思考」を一旦捨て去り、先入観をなくすことであると思われる。

五　先入観をなくそう

「驚きました。『豚肉を食べないよね』と断言するということは、私が少なくとも一部の戒律は守っているムスリムだと勝手に判断したことを意味します。私の出で立ちからそれを推測することは不可能なはず。しかし私を驚かせたのはそのことではなく、ムスリムだという前提で接しながらも、『ならば同性愛者に対して偏見があるのでは』と身構えるようなそぶりは一切見せず、ごく自然体で朗らかに私を迎え入れてくれたということです。」（梨木香歩＝師岡カリーマ・エルサムニー『私たちの星で』岩波書店〔二〇一七年〕六九頁）

想像力を働かせるために必要なのは、先入観をなくすことである。相手に対して自分が有している先入観をなくすという意味だけではない。まずは、自分自身がもっている論理や考え方を、一旦「かっこ」に入れることである。

「契約書は常に締結されなければならない」、「この条項は絶対に譲ることはできない」、「知的財産権は絶対に当社側に帰属とすべきで共有などありえない」といった法務担当者の信条も、「先入観」の一つなのだ。

「かっこ」に入れるとはどういう意味か。それは、相手側のことを考えるために、自らが持っている基準やルールが「先入観」であるという認識に立ち、その思考を一旦作用させないということである。言い換えれば、事業部門がもっている意図、思考パターンに自分自身の思考をゆだねてみようということである。単に「相手側の気持ちに立とう」といった意味での道徳的な言説ではないことを確認したい。

事業部門には、事業部門の様々な思考プロセスがある。その思考過程を一度自分自身でもたどってみるのだ。追体験してみるのだ。そして、その思考過程を自ら味わった後に、さきほど「かっこ」に入れた自らの先入観を開放し、自分自身のやり方、法的思考で再度考えてみることである。

法務担当者は一般に、「法的三段論法」的な発想を自家薬籠中のものとしている。一般化された事象あるいは個別事象から、その共通項を取り出し、要件を定義し、今目の前に生じている事象を当てはめていく。

それは「法規範（大前提）」に「事実（小前提）」を当てはめ、「結論」を導き出すという「演繹法」である。現場から事実をヒアリングして、法令、過去事例あるいは判例などを参照しながら、その事実を法的に評価し結論を出していく行為が中心となる。つまり、常に何かの尺度を参照しなや過去例、類似事例を参考にしながら、事実を評価していく思考法で仕事を行っている。そこでは、妥当な法解釈と事実の評価と当てはめが重要視される。実務においては、少数説や判例がまだ確立していない事例について確定的な結論を出すことは、躊躇されるか推奨されない。

しかし法務担当者は悪い意味でも、法的三段論法に慣れすぎてしまっている。法的に評価される要件事実に照らして事実を取捨選択し、それを要件に当てはめ効果を判定するという、ある意味「演繹的で」「直線的」な思考法が身に付きすぎている。

それでは、ビジネスの現場がもっている芳醇な営みを評価対象とせずに捨ててしまうことになる。まるで、サンドイッチを作った後の食パンの切れ端のように、である。

しかし、なぜ食パンはあのような味わいになっているのだろうか。切り取った切れ端が存在したから、あの味になっているのである。「あの切れ端」がなければ食パンは、「あの形・味」では存在しえないのだ。だから本来的には、あの切れ端についても考えないと、サンドイッチの「食パン」の評価ができないはずである。

もちろん、国家権力が作用する裁判の場では考え方を異にする。裁判の場では、法的評価がなされるべきものだけで構成された対象に対して、評価されるべきであろう。社会構造を維持することにおいては、それが必要な仕組みであるからである。

しかし、今一度考えてみよう。わたしたちは企業法務である。裁判の場と同じ考え方で行動することの怖さを意識しないといけない。

それは最悪の場合、害悪をもたらすことにもつながる。チャレンジャー号の打ち上げ失敗における原因として、「身に付きすぎた行動」に依存していたことが挙げられている。まさに、法務部門が従来から行ってきた法律や判例そのものという過去事例に事実を当てはめ結論を出すという「身に付きすぎた行動」が、害になることがありうるということである。

六　ひな型という契約書は存在しない

「しかし、シロという猫は、けっして猫一般に解消されないようなこの猫である。飼い主にとっては、この猫はけっして取り替えがきかない。固有名はまさに「他ならぬ」このものという事柄と結びついている。たとえば、この猫が死んだとき、飼い主の「悲鳴」はどのように癒されるだろうか。「悲嘆」は、それがシロというこの猫であるから生じるのだ。」（柄谷行人『終焉をめぐって』講談社学術文庫〔一九九五年〕一五一頁）

企業は、なぜ取引をするのだろうか。ごく当たり前のことだが、あまり考えたことはないかもしれない。日常業務の中で取り扱われるのは、「契約書」という名前のいわば「標本」である。その取引においてある程度定型化されたリスクのカタログにほかならない。

事業部がある新製品を開発しようとする際に、他社と共同で開発することになった。大抵の場合、現場からのオーダーは、「今度共同開発をすることになったので、『共同開発契約書』のひな型をもらえませんか?」という類のものであろう。

そこで、法務担当者は、昔なら書籍や書式集を渉猟し、最近であれば、過去の契約例や自社の『ひな型』が保存されているデータベースの類から、それを事業部に渡すことになる(AIを使った契約レビューシステムかもしれない)。事業部は、その「ひな型」をもとに他者と契約交渉を開始する。

場合によっては交渉の場に、法務部門が同席することもあろう。その場で知的財産権の条項や、競業避止義務の範囲や期間などについて「交渉」し、「妥結」するかもしれない。そして捺印(あるいは電子サイン)された契約書は、保管され、トラブルが起こるまで誰の目に触れることなく、その「共同開発」は終了していく。

七　契約は実在しない。取引だけが存在する

取引関係に基づく契約の「ひな型」という類型化。それが取引にかかるコストを削減する効

果は当然にある。リスクとそのヘッジ策のカタログとしての「ひな型」は、企業において日常的に多数発生する様々な他社（他者）との関係性を、類型的に形作っていく。

物をやりとりすれば、それは「売買」として類型化され、継続的に「売買」すると「取引基本契約」が締結され、継続的に物がやりとりされ、代金が支払われていく。力関係や競合関係によって多少の修正がなされることもあるが、物をやりとりして、代金が支払われる契約を『売買』ではなく、「共同開発契約」として処理するというとは、まずない。

しかし、本当にそれでいいのだろうか。

振り返ってみよう。わたしたちは他社と何かをしようとするときに、あまりにも類型化された「契約」や「取引類型」に縛られすぎてはいないだろうか。

昔のカップルは『ぴあ』を握りしめて待ち合わせをした。今はスマホのアプリが最適化された案内をしてくれる。そのようなマニュアル化されたデートコースが批判されることがあるのに、マニュアル化された契約類型は評価されることは不思議であると言える。

そこに何か落とし穴はないだろうか。わたしたち法務部門は、現場の取引を類型化された『契約』というものに無理やり落とし込み、それが他社との関係性の全てのように扱っていないだろうか。

イノベーションを阻害するのは、法務部門や知財部門であると言われて久しい。それに対する反論もいくつかはなされている。「法務部門と事業部門の業務の融合」や、「現場に寄り添った法務部門」といった、法務担当者あるいは法務組織の「姿勢」の問題として語られることが多い。そこでは法務部門の業務そのものについては、従来の手法が前提とされている。

しかし、そもそも法務部門の仕事そのものの位置づけを再考しなければならない時期に来ていると思っているのは、私だけではないだろう。

取引や相手との関係性の内容は、決して「契約」が生み出すのではない。取引や相手との関係性が「契約」を生み出すという根源的な立ち返りが求められているように感じる。

「法務部門がイノベーションを阻害する」という文脈では、「法務はリスクヘッジばかり言う」とか、「法務に聞くとNOと言われる」とよく言われる。対応策として提案されるのは、「自社の権利ばかり主張しないでお互い WIN-WIN になるような『契約』をドラフトしよう」とか、「NOだけでなく代替案を出そう」といった小手先の手段的な言説である。

しかし、それは何ら根源的な解決策ではない。取引を「契約」それも類型化された「ひな型」から、一度開放させる必要がある。

八　法務の仕事は契約書を作ることではない

新製品の開発の例をとって再度考えてみよう。他社との共同取組み（共同開発ではない）においては、普通、それぞれに思惑があるだろう。

当社としては、画期的な新製品を発売して、競合とのシェア争いに終止符を打ちたいのかもしれない。あるいは、事業部そのものの存亡の危機であり、新製品は事業部の生き残り策なのかもしれない。他社としては、当社と付き合うことで、ロイヤルティ収入を得たいのかもしれない。他社には内製化できる能力がなく、当社に製造を委託し、その製造ノウハウを獲得したいのかもしれない。そういったそれぞれの思惑（きれいに言えば「戦略」）があり、共同取組みをしようということになったはずである。

そこで行われることは、会議であり、メールや電話のやり取りであり、それぞれの研究所での研究やデータ分析であり、分析結果の報告会であり、新製品の試作であり、試作品のマーケティング調査であり、更には不本意な調査結果に落ち込んで両社で行われる残念会であり、有益な成果が出た際の役員へのプレゼンテーションである。そして、当初の思惑がありながら、共同で取り組むことになった喜びであり、軋轢である。

つまり、「共同開発契約書」に記載されている「両社は、本契約に定める内容にて、共同開発（以下「本開発」という）を行う。」というものではない。ましてや、「共同開発契約書」第二条以下で展開される「本開発」という匿名性のある営みでもない。

行われるべきは、この共同開発における課題を解決する手段として、どのような「取引」が解決する手段であるかをデザインすることであろう。ビジネスを類型化された「共同開発契約書」ましてや「ひな型」に押し込めてはいけないのである。

九　では、法務の仕事とは何なのか

ここで、一度、デザイナーの仕事について説明が必要かもしれない。デザイナーはアーティストとは異なり、課題はあくまでクライアント、依頼主の課題であると言われる。アーティストは自らの内在的な課題を表現することで、デザイナーと区分される。

流行らないラーメン屋があるとしよう。良いデザイナーに仕事を頼んだ場合、デザイナーはラーメン屋の店主と話し込む。その思いや課題や将来などをヒアリングする。そしてラーメン屋の課題を特定していく。

「ラーメン屋が裏通りにあり、表から見えにくいのかもしれない。」「そもそもラーメン屋のロゴがラーメンの味を表現していないのかもしれない。」あるいは「グルメサイトやラーメン特集のグルメ雑誌などに宣伝が足りないのかもしれない。」といった風に。

デザイナーは、新しい看板をデザインしたり、新しいロゴを提案したり、場合によっては、店員のユニフォームを新たにデザインしたりする。課題の解決方法は様々であるが、顧客とラーメン屋との関係性をどのように構築するかというラーメン屋が持っている課題の解決のために、様々な手法・デザインを使ってこれを解決していく。

十　取引をデザインする

そう、わたしたち法務の仕事もデザイナーの仕事と同じではないかという想いにつながる。事業部が他社と共同で取り組んで画期的な新製品を発売したいという課題の解決を担い、その相手方との関係性をどのようにすればいいかを提案し、場合によっては、契約書という形でデザインし、事業部の課題、あるいはその相手方の課題も解決していく。それがたまたま「共同開発契約」が解決手段であれば、デザイナーがロゴを提案するように、それを提案していく。

取引をデザインするということは、実は難しいことではない。本来的に法務部門が行ってきたはずの仕事である。もちろん、企業で行われる全ての取引について「ひな形」化を否定するものでは全くない。本来的業務に注力するために、低リスクの契約や課題が共通の契約などは「ひな型」化を進めていくべきであろう。ただ、特にイノベーションを起こす必要がある分野、事業、取引については、もう一度この「法務＝デザイナー」に立ち返ってみることが重要である。

新型コロナウイルスに立ち向かうために、企業はそれぞれ様々な新しい取組みを始めていくことだろう。今はまだしゃがんでいる時期かもしれない。しかし、立ち上がろうとするときに、わたしたちはこの新しい取組みに、課題解決に、主体的に取り組んでいかなければならない。

十一　法務担当者はラーメン屋。お客ではない

再びラーメン屋の話に戻ってみよう。ラーメン屋から相談を受けたデザイナーは、そのラーメンを食べてみることになるだろう。味は中途半端で、単に流行の「ダブルスープ」を使っているが、その味が全く輪郭もなく、店が流行らないのは、ロゴでもユニフォームでもなく、そのラーメンの味そのものだと分かった場合、デザイナーはどのように対応すべきか。

そのデザイナーが年間一〇〇杯もラーメンを食べる食通なら、きっと、その経験を生かしてアドバイスしてもラーメン屋は怒ったりしないだろう。ところが、さほどラーメンが好きでもないデザイナーが何となく指摘したとしたら、ラーメン屋は怒り出して、デザイナーを変更するかもしれない。力のあるデザイナーならデザインを引き受けないという選択肢もとりうるだろう。

そう、わたしたち法務部門はラーメンの味に口をはさむべきかどうか。自分自身がラーメン通であるという自信があれば、口をはさんでもラーメン屋の店主から喜んでもらえることは確かであろう。真摯に課題を解決したいと思っているラーメン屋なら、より、そう思うのではないか。また、その方がいいデザインができるかもしれない。

しかし、それは外部の弁護士などの専門家でもできることなのだ。

そう、逆説的ではあるが、わたしたち企業法務は、ラーメン通になるべきではない。わたしたちは、ラーメン屋になるべきなのだ。

わたしたちは、おいしいスープを作ることもできない。力を込めて麺をこねることもできない。レンゲを選ぶことも、麺の湯切りをすることもできないし、サイドメニューのごはんをよそうことすらできないかもしれない。しかし、ラーメン屋であるべきなのだ。批評家ではなく、ましてやお客ではなく。そして、ラーメン屋であるからこそ、ラーメンの味に正々堂々と意見をすべきなのだ。

わたしは、それこそが企業法務の本来の仕事の姿勢ではないかと確信している。

名刺と役割と自分自身と

法務担当となって、二年ほど経ったころ、とある債権回収の案件に関与することとなった。

金額としては、五〇〇万円ほどであったが、数回支払いを遅延した後に、現場が約束した期日になっても入金がなされないということで、法務に相談がきたのである。いわゆる通常の商品販売ルートではなく、原材料のスポット的な販売であったため、担保も取得しておらず、手立てがない状態であった。

わたしが法務担当としては一人で、大阪から山梨に向かうことになり、現地で現場担当のマネジャーと落ち合い、相手方と交渉するという手はずとなった。

往路の新幹線の中で、カバンに入れた数冊の債権回収の本を読んだものの、「追加担保」「社長の連帯保証」「返品を取る」などの定石は使えそうもない取引であったため、どのように交渉するか思案していた。駅から現場担当のマネジャーとタクシーに乗り込み、交渉戦略のすり合わせを行った。

相手方の事務所を訪問すると、まだ新しい清潔感のある建物の中の応接室に通された。正直わずか五〇〇万円の支払いができないとはとても思えない室内や調度品であった。

事前に打ち合わせしたとおり、現場担当のマネジャーが支払いを強く求め、わたしはその横でひたすらメモを取るということを一時間続けていた。

なかなか打開策が見つからない中で、わたしはカバンの中からA４一枚の書類を取り出し、「この書類に社長の実印を押印してください。それがもらえないと私も立場上会社に帰ることができません。」と一言だけ伝えた。おそらく声は小さく、もしかすると震えていたかもしれない。初めての債権回収の現場で、わたしも、当時は、色も白く線が細い若造であり、取引先も多分単なるかばん持ちくらいに思っていたのであろう。

すると取引先の担当者は、その書類（債務承認と分割払いの期日が白紙で書かれ、支払いが一度でも遅れたら、期限の利益を喪失し、差し押さえ等を受けても異議を述べない旨が記載され、事前にワープロで作成し、印刷して持参したものである）に、合意した分割払いの金額と支払い期日を手書きで記入し、実印を押印したものをわたしたちに渡して、「必ずお支払いします。」と告げた。

わたしたちは、とりあえず帰路についた。

本当に、支払ってもらえるだろうかとひやひやした数日を過ぎて、担当マネジャーから、無事支払いがあった旨の連絡を受けて、ほっとしたことは今でも覚えている。

あの取引先はなぜ書類に押印してくれたのであろうか。なぜ支払ってくれたのであろうか。

わたしの交渉術ではないことは確かである。

おそらく、わたしの名刺に書かれた部署名であり、会社の名前であり、わたし以外の何かであったのだろう。

わたしは、そのときに、会社の名前や部署名や役職を離れた「わたしの名前」や「わたし自身」で、いつか仕事ができるようになれたらと強く思った。

その支払いが完了して数か月後、その取引先が自己破産を申請したとの連絡があった。もし、あの取引先の担当者に合うことができたら、なぜ押印してくれたのか聞いてみたいが、わたしはその取引先の担当者の顔を覚えていない。

なぜなら、あまりに緊張していて相手方の顔を見れなかったからである。

第四章　法務の専門性について

一　法務部門はプロフェッショナルなのか

「お客様が美味しいと思う味付けとプロの料理人が美味しいと思う味付けはかなり違います。お客様が美味しいと思う幅はわりと広いのですが、私たちが美味しいと思う幅はとても狭く、お客様からすると違いを感じないほどの微妙な差になります。

吸い物で『ああ、しょっぱいな』とお客様に思わせたらもうお終いです。それはプロの仕事にはなりません。」（園部平八『京料理人、四百四十年の手間』岩波書店〔二〇一九年〕一五六頁）

法務担当者は、どこまでプロフェッショナルであるべきか。

よく聞く課題意識であるが、弁護士資格の有無であったり、専門性であったり、新卒から長年法務部門の業務に「のみ」従事しているという意味合いであったりする。

それでは企業法務において、プロフェッショナルとはいったい何か。


ところで、営業担当者は、そもそもアマチュアなのだろうか。彼ら・彼女らは、あまり自らプロフェッショナルとは語らないが、少なくともアマチュアとも語らないだろう。会社からお給料をもらって働く以上、「プロ意識」をもって働くという意味合いなのかもしれない。

法務部門におけるプロフェッショナル論は、この営業担当者で語られる文脈とは少し違うのかもしれない。同じならそもそも議論する必要もないだろう。みな会社からお給料をもらっているのであるから。

同じような文脈で語られる部門に、経理部門や人事部門もある。経理部門であれば、会計について知識も経験もあり、税理士や会計士の資格を有するメンバーも多いかもしれない。

しかし、人事部門のプロという場合は、少し文脈が異なっては来ないだろうか。労務担当で社会保険労務士の資格を持ち、知識面などで優れた人を人事のプロと呼ぶ場合もある。一方で、労働組合との長年の交渉に長けていて、あの人であれば労使交渉がスムースに行くといった、社内特有の文脈で語られることもある。従業員の特性や従業員同士の相性までも頭の中に入っていて、人事異動の調整において特異な能力を発揮する者も、人事のプロと呼ばれることがある。

法務部門に立ち返れば、専門的知識があることはプロの条件である。人事のプロのような、社内ネットワーク力や社内組織やメンバーの構成なども把握し社内を動かしていく力も必要で、その双方が優れた人が法務部門におけるプロフェッショナルだと思われる。

知識面であれば、業界特有の規制法などであればいざ知らず、大規模弁護士事務所で特定の法分野の知識と経験を日常的に積んでいる外部弁護士にかなうことは、通常はない。

他部門と比較して、法律知識に優れている点をプロフェッショナルとして定義するのであれば、それは全ての部門がプロフェッショナルということになる。それでは会社からお給料をもらっていればプロフェッショナルという文脈と同じになってしまう。

企業法務の機能は、法務部門のみに存在していないことは当然である。法務機能の定義にもよるだろうが、全ての契約書を法務部門で確認している体制だったとしても、就業規則の改正、労使交渉、取引先との契約交渉の全てを法務部門で行っていることはまれであろう。

つまり、法務機能は、必然的に全社のそれぞれの部門に点在しているのだ。

であれば、企業法務部門のプロフェッショナリティとはどういうものであろうか。

わたしが考えているイメージは、最初に引用した京料理人の言葉が近い。

すなわちプロの料理人に近いものがあるのではないか。

もちろん、各企業においてそのお店の様式には違いがある。和食なら何でも出すような形態の店舗かもしれないし、寿司に特化した店かもしれない。あるいは、街の定食屋のように、和洋中なんでも提供するお店なのかもしれない。

それは企業の事業環境に一義的には依存する。メーカーやITによっても異なるし、同じメーカーでも、B to BとB to Cでは提供すべきメニューや価格帯が異なってくるだろう。

法務機能はもう一つ、各部門において自ら調理できる能力がどこまであるかにも依存する。事業部門がインスタントラーメンしかつくれないのであれば、法務部門はカレーライスからすね肉の赤ワイン煮込みまで提供しなければならないだろう。一方、各部門において生姜焼き定食が作れるのであれば、法務部門は寿司の握りに集中できる。このように差が出てくることは確かである。

しかし、共通して言えるのは、企業法務のプロフェッショナリティとは、大間産のマグロやエゾバフンウニが常に提供されて、最良の寿司を握れる職人になることではない。それが冷凍マグロであっても、カニカマであっても、おいしく提供できる腕をどれだけ磨けるかである。

現場の生姜焼きの腕が下がってきたら、生姜焼きを提供しなければならないし、また現場にも生姜焼きの作り方を再度教えなければならない。

ただ、プロの料理人と異なる点がある。

それは、「常に愛想がよくなければならない」という点である。「寡黙だが腕がいい」というのは、料理の世界では成立するかもしれない。最近は減ってきていると思われるが、法務、特に企業内法務の世界では通用しない。常に愛想よく料理をサーブしていかなければならない。

また、逆説的ではあるが、いつも同じように提供していてはいけない。運動で疲れたお客様には、少し塩味を聞かせるように。あるいはアレルギーがあるものは取り除かなければならないように。

つまり、企業法務におけるプロフェッショナリティとは、事業部門等に対し、最良のリーガルサービスを提供し、ビジネスを前に進めていくなかで、その事業部門の「気持ち」を理解し、適切なタイミングで最良の料理を提供しなければならないという、非常に高度な営みである。

そしてほとんどの場合、いつも最高級の食材を使えるわけではない。普段寿司を握っていても、ときにはカレーライスを提供しなければならないこともあるという環境であるのだ。

加えて、常に「お客様」が求めるものを提供すればいいというわけでもない。「お客様」が野菜不足であれば、野菜料理を提供しなければならない。高血圧であれば、塩分を控えたものを提供しなければならない。さらに、様々な食の経験がない若者には、適切な食の経験を施すことも必要となってくる。

つまり、法務担当者のプロフェッショナリティは、その料理の腕を磨き、お客様の状態を把握すること。たとえお客様が嫌がったとしても必要な栄養素を含んだ食事を提供するような、銀座の繁盛している料亭とは全く異なる腕が必要となる料理人のようなものなのだ（もっとも、本当に素晴らしい銀座の店では、客の体調まで把握してメニューを変えることがある）。

そして、わたしたち法務担当者は、このプロフェッショナリティに誇りを持つべきである。大間のマグロを使わず、カニカマを使って江戸前（！）の寿司を出し、鉄分不足を見抜いて、ニラレバ炒めを提供しなければならない料理人である。

そして、日々料理の腕を上げることに研鑽し、ひじきが実は鉄分が少なかったという情報（過去は鉄鍋で調理していたらしいが、テフロン鍋で調理したら鉄分はそれほど含まれていなかったようである）を把握し、新たなメニュー開発にも勤しむのだ。

そして、忙しい中でも現場に料理教室を開催し、料理初心者に分かりやすく料理を教えるのだ。

これをプロフェッショナルと言わずして、何というのだろう。

そしてその仕事は、銀座で高級食材を使い、三時間かけてゆっくりとした料理を提供する職人と比較しても、決して優劣をつけられるようなものではない。野に咲く野草にも「一手間」を惜しまず、おいしい感動を与えられる職人のようになりたいものである。

二　PURE IS PAST

「全ては純粋の問題に関連しています。純度です。誰かが『物事は純粋であってほしい』と言うとき、それは実は『未来より過去がいい』ということを意味しています。純粋さとは過去なのです。未来は変化するので、純粋ではありません。変化すれば純粋ではありえないのです。」（ジャック・アタリ談「欲望の資本主義二〇二〇スピンオフ『アタリ大いに語る』」NHK）

わたしは、ジャック・アタリのこの発言を聞いて、はっと我に返った。純粋を突き詰めてしまうことは、過去に執着することだというのがその要旨である。

確かにこのパンデミックにおいては、日々様々なことが変化している。日本企業はこれから多様なビジネスモデルや人・物・金などのリソースを急速にそのアロケーションを変化させていくだろうし、それは既に始まっている。そこでは、従来型のビジネスモデルを維持していくために必要な法務機能ではなく、新しいやり方、新しい売り方、新しい訴求の仕方など、ビジネス上の変化が進んでいくに違いない。

わたしは、この変化の中で、変化に対応するのではなく、抵抗しながらオルタナティブを作っていくためには、物事が純粋であるべきであるという考え方を捨て去らなければならないというアタリの考え方に感銘を受けた。

これを法務部門に引き直して考えてみると、どうしても、ありとあらゆる事象を「法律論」に引き直して語ってしまう癖がある。

また、LAW LAGと言われるとおり、法律は全て過去の事象に対するルールになっている。直近の例では、新型コロナウイルスに関する法律も、もともとは新型インフルエンザに関するものである。あれほどインフルエンザと同じに考えてはいけないと言われているのに、法律はインフルエンザと同じなのである。

そもそも法律は、その変化に確実に追いついていない。

さらに一例を挙げれば、取締役会がWEB会議でできるとしても、議事録記載事項に「場所」と法定されているため、例えば議長の自宅などを開催場所と記載しなければならない。といった議論は、コーポレート・ガバナンスの本質において、一ミリたりとも有益ではない。少なくともウィズコロナのいまは、純粋な法律論を突き詰めていく法務担当者の姿勢というものを、少し横においておくべきであろう。純粋は過去なのだ。今は渾沌しか存在しない。

しかし、荘子を持ち出すまでもなく、渾沌に自らの基準で穴をあけると渾沌は死んでしまう。渾沌は渾沌として受け止めるべきなのである。純粋を突き詰めず、渾沌を渾沌として受け止める。そうなると、法務担当者は、ただ、流されて日々の業務を行っていくだけでいいのかということになりかねない。

それなら、そもそも企業法務の仕事はどういうものであったのかという別の純粋を働かせればよい。今、現場はきっと様々な難局で困っているだろう。せっかく在宅勤務が定着しつつあるのに、ためにする出社をせざるをえない従業員もいるのではないだろうか。誰も出社していないため半分以上明かりがついていない薄暗いオフィスで、鍵のかかった金庫から印章箱を取り出し、契約書などに押印している姿。これほどひどい光景はない。


どうしても出社しなければならない業務が、取引の最後に必要な証票と、万が一のための訴訟に備える証拠としての契約書であるとは、ディストピア以外の何物でもないではないか。そんなときに、「どうしてもやはり押印が必須です」と言いたいだろうか。

わずか数百万円がからむ取引契約書について、業務開始前に押印がなければ秘密情報を開示すべきではないと言いたいだろうか。

そして、担当者が躊躇していると、内閣府と法務省と経済産業省が連名で「契約にあたり、押印しなくても契約の効力に影響は生じない。」とか「認印のような押印が果たして本当に必要か考えてみることが有意義であると考えられる。」といった見解が出されるのだ（「押印についてのQ&A」令和二年六月一九日付参照）。国のお墨付きがなくても、以前からこのようなものであった筈で、国から「本当に必要か考えてみることが有意義であると考えられる。」と言われてから考えているようでは、それは日常的に「何も考えていない」ことと同じと考えられる。何も考えずに、「押印が必要です」と言うことは、まさに、PURE IS PAST の典型ではないだろうか。もしそう言ったとするなら、渾沌の顔に自分の論理だけで穴をあけてしまい、殺してしまうことになるのだ。

「すべてが奇跡なんだ。お風呂に入ったとき、あなたがお湯に溶けてしまわないことだって奇跡なんだよ。」（パブロ・ピカソ）

どうして、今が日常と同じだと言えるのだろうか。法律が変わっていないからというのなら、あなたの見ている世界は、この日常とは異なるパラレルワールドかもしれない。きっとあなたの世界では、お風呂に入ったら体がお湯に溶ける世界なのだ。法務担当者が自分の役割だけこなしておけばよいというのは、あまりにも怠慢である。

既に変化が起きてしまったにもかかわらず、従来と同じ役割だけをこなしていても、意味がないし、そもそもその役割をこなすことすらできなくなっている。比喩的にいうと、マンモスが滅びてしまった世界に住みながら、未だにマンモス狩りが得意だといっているようなものである。

企業法務の仕事は、紙の契約書を後生大事に管理することではない。それは手段である。本来の仕事は、リスクを洗い出し、そのリスクをできるだけミニマイズすることだ。紙にいつまでも郷愁を抱いていても仕方がない。

仮に、マンモスが絶滅したのなら、別の獲物を探しに行くか、あるいは、稲作をはじめるべきである。マンモス狩りの本来のミッションは食料の獲得であって、マンモスの獲得ではないからである。

Column

運も実力のうちなのか

だれもが仕事での失敗を経験する。

失敗しない人はいない。

わたしが、まだ管理職になる前のこと、自社において初めての事業を分社化して、第三者に譲渡するという事業再編案件に従事したことがあった。

わたしは、その主担当として、案件全般にかかわり、特に当時法改正がなされて間もない会社分割手続を実行に移すことになっていた。大阪から東京に転勤して日が浅く、初めていわゆる大手弁護士事務所のオフィスに打ち合わせに伺って、まるでドラマで見るようなその会議室での会議で、自分自身がまるで仕事ができるようになったような気持ちになっていた（もちろん、大いなる誤解である）。

スキームの詳細を検討し、基本的な合意に至ることができ、案件の公表まで二週間を切るようになっていた。公表後は具体的な手続に移っていくため、初めて大型案件にかかわることができたそれまでの妙な高揚感も過ぎ去り、少しの間の凪が訪れていた。

少し落ち着いたので、いろいろ調べものをしようと、検索をしていると、ふとある会社の招集通知が目に入った。今後、具体的な書類の作成を行う必要が出てきたので、他社事例を検索していたのである。

そこで、わたしは目を疑った。「今般、本事業の分社化においては、許認可取得の関係から、吸収分割手続を選択しております。」との記載があったのだ。

そう、わたしがかかわっていたのは、その招集通知の企業と同じ許認可事業であり、わたしたちが立案し、基本的合意をしていたのは、吸収分割ではなく、新設分割の手続であったのだ。大手事務所の弁護士が当社側も相手方にもかかわっていたし、相手方はその事業の大手であり、みな専門家であり、プロの集まりで「間違いはないだろう」と思い込んでいたのだ。

急遽、上司に報告しつつ、相手方との交渉、許認可取得及び吸収分割手続のための受け皿会社の設立を行い、二週間後に迫った公表に何とか間に合わせることができた。きっとついていたのだろう。運も実力のうちとよく言われる。しかしこの言葉は、運のない人には実力がないということを暗に示している。それは違うのではないかと思う。それでは再現性がなさすぎる。失敗は誰でも経験するが、やはりどこまでも最後まで自分の仕事としてやり切るという姿勢が重要なのではないかとこの件で痛感した。

そうすると自然と「運」のようなものが付いてくるのではないか。運も実力のうちという言葉にはそんな意味が隠されているのではないかと思われるのである。

Column　法務担当者の見ている光景

企業法務の担当者も普通の会社員と同じように電車に揺られて通勤している。

最近では新聞を読む人が減り、皆スマホでゲームをしたり、動画を見たりして過ごしている。通勤電車には、様々な吊り広告がぶら下がっている。雑誌の広告であったり、旅行の広告であったり、新商品の発売の案内であったりする。企業法務の担当者が見る車内の光景は他の乗客と少し異なる。つい広告の下の方にある細かい※印に付された打ち消し表示を見たりする。「この表示って優良誤認にならないのかな」「業界が違えばこんな表現も許されるのか」など。他の乗客は広告についてそのような見方はしないであろう。「あ、これっておいしそう。どこで売っているんだろう。」とか

「今度の旅行は下田かな。」などと思いながら、そして、電車を降りれば、ほとんどの乗客はその広告の内容を忘れて、オフィスに急いでいく。

ところが、法務担当者は、オフィスで事業部門の担当者から「新製品のキャンペーンの広告ができたので見てもらえませんか？」と言う声に従い、朝の通勤電車で広告を見るのと同じ目でその広告案に目を通す。「もう少し注釈はわかりやすくした方が消費者にわかりやすくなるのではないでしょうか？」と言いながら。

法務担当者は、ルールやガイドラインなどを知れば知るほど、気を付けないと常識が失われてしまう。ルビンの壺を一度顔として認識してしまったら、壺として認識するには意識が必要となるのと同じように。

しかし、ふと我に返ると、例えば今見ている広告の審査の趣旨は何であっただろうと思うのである。景品表示法やその他のルールに合致しているかどうかという目線で審査しなければならないことは確かである。それは、ルビンの壺を顔として見る目線で見る行為である。ルビンの壺が顔として見えるのは、「あ、この絵ね。知っている。

いろんな見方ができるという絵だよね。」という知識があるから容易に顔に見えるのかもしれない。この知識を知らない人には壺は壺にしか見えないのかもしれない。

そうすると、法務担当者は、意識的にこれを壺として見る訓練も並行して行わなければならない。なぜなら、景品表示法は、一般の消費者に「誤認」を与えないような表示をすべきというものであるからである。つまり、通勤電車で「おいしそう」「下田に行きたい」という素朴な感覚をもって広告を見る目線をもたないといけないのである。

ルールやガイドラインを知れば知るほど、そのルールやガイドラインに従ったものの見方になってしまう。どうしたら、普通の通勤の光景をわたしたち法務担当者は得ることができるのだろうか？　通勤の光景自体も変化する中で悩ましい問題である。

第二部　AGAINST　CORONAの法務

第五章　法務とリスクマネジメント

一　リスクマネジメントの要諦とは

リスクマネジメントにおいて、従来法務部門の果たす役割とは、リスクヘッジのツールとしての契約書の作成、レビューや、法令遵守体制の構築、訴訟対応などが中心であったと思われる。

日常的な事業リスクや、自然災害など法律が直接かかわらないと思われるリスクについては、事業部門や総務部門といった法務部門以外の部門が対応していることも多い。

しかし、以下に述べるように、新型コロナウイルスのような未知のリスクや、新規事業のような既存の枠組みでは対応できないリスクについては、企業法務部門はその身に着けたスキルを最大限生かして、いわば前線に立って対応していくべきではないかと思われる。

リスクマネジメントにおいて一番必要であるのは、何か事象が発生した場合に、実際に生じている事象以外のリスク・損害が拡大することを防ぐことである。

工場で事故が発生した場合に、その事故による実損（設備の損害や操業が中止することによる機会損失など）は想定される。それらは通常保険などでカバーされている。ところが、それに付随して、あるいはその事故がきっかけとなって明らかになるリスク・損害が別にある。その拡大が特に大きくかつ予測不可能（と思われている）となっているのが問題である。

工場事故の発生原因が連日の過勤であったり、働き方改革の影響で下請業者にしわ寄せがいったことが原因であったりした場合、それが報道され、ＳＮＳで拡散されることが容易に想定される。リスク事象が発生した場合、ネット監視業者などに委託して炎上の有無を確認する。これは現在、割合と一般的なプラクティスになっている。

ところが、いわゆるバイトテロのような事案は論外として、企業によるコミュニケーションが本来の意図とは異なる形で炎上する事案が後を絶たない。

特に、新型コロナウイルスのような新たなリスクへの対応においても、企業の行動や言動が市民感情と反してしまったばっかりに、何も行動しないよりもかえって企業にダメージを与えることになりかねない。良かれと思って行った対応が、新たなリスクを生んでしまうことがあるのだ。

実は、これは新規事業におけるリスク対応と似ている点が多いのではないかと思っている。

二　新規事業ではリスクは固定化されていない

新規事業は、特に新規サービスや新しいプロダクトにおいては、それがまだ市場における評価を受けていないという点において、またサービスの効用が目に見えていないという点において、リスクが固定化されていない。

リアカーを発明し、新規事業としたとしよう。

開発者は、荷物を馬に乗せて運ぶことの代替として発明し、人がけん引する前提で商品開発し、市場にローンチした。想定されていたリスクは、重い荷物によりリアカーが壊れないようにすることであった。そこでは人のスピードで曲がるためのタイヤの配置設計が施されていた。

その後、リアカーに人を乗せて運搬するビジネスを考え出した者がいたとする。リアカーに椅子を搭載し、人を乗せて商売を始め、またそのリアカーを馬に引かせ出した。そこで生じたのは、曲がり切れずに人がリアカーから落ちて怪我をするという事故であった。人のスピードで曲がることを前提としたため、馬のスピードに構造上ついていけなかったためである。

このようにリアカーという新商品はその意図と異なる効用により新規事業に応用されたが、

効用の変化を見定められなかったため、そのリスクが想定されていなかった。馬の代替品としてローンチしたものには、馬に引かせるということは想定されなかったのである。

あくまで架空の設例であるが、新規事業においてリスクが固定化されていないということはご理解いただけるであろうか。

三　新型コロナウイルスにおけるリスクマネジメント

新規事業への検討と新型コロナウイルスにおけるリスクマネジメントには類似点が多い。つまり、誰もその影響度を「完全には」把握することができない。だから細部にわたっての具体的対策を、確実に施すことができない。新型コロナウイルス禍は、いつまで続くかわからないし、そもそも目に見えない。あくまで「概念」「イメージ」と闘っている。

新規事業についても同じである。新しい事業のイメージはあるし、ある程度の収益モデルはあるが、その事業計画が数パーセントの差異で着地することはありえないだろう。

わたしたちが日常的に取り扱っている、標準化された取引とは異なるのである。細部にわたり検討がなされた過去事例について習熟して、それをオペレートしていくような形態での法務業務のやり方では立ち向かっていけない。

どうなるか、どのように成長するかわからない新規事業は、ある程度リスクを飲み込んだ上で、従来と異なるやり方で前に進んでいく。そして、うまくいかないと思えば、事業モデルを転換（ピボット）していく。まさに、新型コロナウイルスへの対応では、新規事業への取組みの姿勢が「生かせる」のである。

四　時間は未来から過去に流れる

わたしたちの日常的な感覚として、時間は過去から現在、そして未来へと流れていく。しかしながら、ポスト構造主義[1]の考え方を持ち出すまでもなく、言語は、未来から現在を通じて過去へと流れていく。それは、未来から現在を見つめて過去の例にたどり着くという思考様式である。そのような思考形式に従って、対応を考えなければならない。これは、言葉を使うわたしたちが、実は無意識のうちに日常的に行ってきたことなのだ。

更に言えば、契約書の文言や定義にあれほどこだわり、日々言葉と格闘しているわたしたち法務担当者にとっては、「未来からの思考」は、本来得意であったはずなのだ。もしも今、日常の業務に逃げ込んで、過去の事例にのみ執着して解決策を探ろうとしている法務担当者は、職責の本質にたどり着いていないのだろう。

しかし、日常的な業務の中で、未来から現在を把握しながら契約書のドラフティングやリスク評価をしていた担当者には、この未知のウイルスに対する対応こそがすでに日常業務となっているのかもしれない。

五　リスクマネジメントとは「合法性」と「妥当性」を埋める作業である

自分のパーソナルデータを月額数十万で事業者に提供し、事業者はその詳細なデータをもとに新しいビジネスを開発するという実証実験の事例が過去にあった。このビジネスは、テレビ等でも取り上げられ、賛否両論が巻き起こった。それは「生き様のデータ」を売ることで社会に貢献し、金銭を受け取るという選択肢の可能性についての実証実験であった。また、実験の目的はプライバシーの売買に関する人々の価値観と社会的許容度を知るためであったとのことである。

パーソナルデータを販売することは、本人が承諾すればもちろん合法である。事業者が個人情報提供の対価を支払うことも、現在は推奨されるくらいである。

あくまで公開されていた情報からの推察に過ぎず、実際には丁寧なアプローチがなされている可能性も否定できないが、しかし「合法」であることと「社会的に受け入れられる」ことの

〔1〕丸山俊一『マルクス・ガブリエル　欲望の時代を哲学する』（NHK出版　二〇一八年・一一一頁）、ジャック・デリダ『エクリチュールと差異』（若桑毅＝野村英夫＝阪上脩＝川久保輝興訳・法政大学出版局〔一九七七年〕参照）

間には大きな溝がある。

医薬品開発などの現場においては、臨床研究というものがなされる。いわばヒトを対象とした試験であるが、これについては、「ヘルシンキ宣言」や「臨床研究に関する倫理指針」というものがある。例えば「ヘルシンキ宣言」では、「医学研究の主な目的は新しい知識を得ることであるが、この目標は個々の被験者の権利および利益に優先することがあってはならない。」とされ、医学のために新しい知見を得ることが、試験参加者の権利や利益に優先してはならないとされている。

そのために、「研究責任者は、臨床研究に伴う危険が予測され、安全性を十分に確保できると判断できない場合には、原則として当該臨床研究を実施してはならない。」とされている。

つまり、研究の危険性について十分予測することが求められ、「研究責任者は、臨床研究を適正に実行するために必要な専門的知識及び臨床経験が十分にある者でなければならない。」として、実施する者に知識と経験を求め、「研究責任者は、臨床研究により期待される利益よりも起こりうる危険が高いと判断される場合又は臨床研究により十分な成果が得られた場合には、当該臨床研究を中止し、又は終了しなければならない。」として、常に危険と利益を把握して研究を行うことが求められている。

この原則に照らせば、応募者のメールアドレスをＢＣＣでなくＣＣで送付したというブラックユーモアのような事件が発生した段階で、「専門的知識」について疑義を持たれかねなかったし、「実験は中止」すべきという判断もあったのではないかと思われる。

パーソナルデータであるから、生命・身体とは異なるという反論もありえよう。しかし現在パーソナルデータに関する保護をより強化しようという流れも意識しなければならない。

また、今回の社会実験はそもそも「パーソナルデータを売買することで金銭的利益を得るということが、社会に受け入れられるかどうかの実験」であった。仮に社会に受け入れられないという結果となった場合、その実験参加者の行為が「社会に受け入れられない行為」として評価される可能性があるということを想定しなかったのであろうかとの疑問も湧いてくる。

つまり、この実験に参加すること自体が「個人情報保護法」に適合しているかどうかという「合法性」の側面のリスクは検討されていたが、「新しい知見を得ることが、その試験参加者の権利や利益に優先してはならないという」倫理的な問題についての配慮はどこまでなされたのであろうか。

六　リスクコミュニケーションが鍵となる

以上の例は特殊かもしれないが、新規事業においてはありがちな例かもしれない。リスクが固定化されていないため、実験がローンチしてから想定外の事案が発生する。

一つは「ヘルシンキ宣言」のような他の分野の先例をもとに、その新規事業、実験におけるリスクマネジメントの枠組みをあらかじめアレンジしておくという手法がありうる。これは従来型の法務部門の得意な作業であるといえよう。

もう一つは、クライシスが発生したときに、どのようにリスクをコントロールし、被害を最小限に抑えるかである。ここで重要になってくるのがリスクコミュニケーションである。

前述の実証実験を例に取ってみると、ここで生じたリスクは、パーソナルデータの売買において、当初はその金額を「生活保護」の額としていた点である。この点については、様々な批判が寄せられた。確かに実験の意図は、パーソナルデータの売買を行うだけで生活できる社会が作れるかどうかというものであった。そのため「生活保護」の額としたのであろう。しかし、「生活保護」が日本社会においてどのような意味合いがあるものかをどこまで想像できたかは疑問である。

「生活保護」は、様々な事情で生計を立てられない人々に「健康で文化的な最低限度の生活」を送ることができるという憲法上の権利を実現するために設けられた制度である。その言葉には（受給者はもちろん）社会において様々な意味合いがあることは容易に想像できたはずである。

仮に額自体が生活保護の受給額と同額であったとしても、その額の算定の根拠として生活保護という用語をコミュニケーションとして使う際にどのような社会的影響があるかを想像していなかったことは問題であった。仮に実験の目的が、プライバシーの売買に関する人々の価値観と社会的許容度を知るためであったとしても、である。

新しい社会についての実験である。実験目的が仮に正しかったとしても、社会に受け入れられるかどうか、そして一番重要なのは、使われる言葉が適切か、には細心の注意を払うべきであったという点である。しかし、本来注意すべきは外に表れる言葉だけではない。

七　リスクコミュニケーションは、日常的な社内外の「対話」が鍵となる

注意すべきは言葉だけではない。あとは、何だろうか。

それは、日常的な社内外との「対話」のやり方である。前述の「生活保護」の例を再度取り上げると、「生活保護」という言葉が出てくる裏には、「経済的に困っている人」から「データを買い上げる」というビジネスモデルを考えている。そのことが透けて見えてしまう。実際にはそうでなかったとしても、そのように映ってしまうことが問題を引き起こす。それは意図しない状況において、データの売買を、まるで「売血」と同じビジネスとして映し出す。やがてデータ売買ビジネス全体にも影響を及ぼし、他のデータビジネスにも影響が出かねない。

新規ビジネスに正当な社会性があれば、社内の対話は常に、仮に社外に聞かれたとしても評価される対話となる。そして、その日常的な対話が社外に「染み出てくる」のである。仮にそのような対話を実際にしていなかったとしても。

企業不祥事における記者会見が更にその企業のイメージを悪化させる例は、枚挙に暇がない。それは日常的な対話が社外に「染み出ている」という自覚がなく、記者会見で弁護士が用意した細心の「リスクマネジメント」に基づいたQ＆Aに基づき対応すれば大丈夫という発想によるｌ。

本質的に企業内部の対話は、それが直接的に表に出なくても、製品やサービスという形に「染み出して」くるものだ。繰り返すが、実際に対話がなされたかどうかは問題ではない。経営者が自問自答することも、担当者が自ら検討することも、ここでいう「対話」である。特に新規事業であればなおさらかもしれない。

つまり、リスクは起こるべくして発生する。新規事業においてリスクが固定化されていないというのは、市場や社会とその事業とのコミュニケーションがまだないからである。それがどのようになるかは、新規事業をローンチする前の社内のコミュニケーションのあり方からおのずと推察されるものである。

新規事業へのリスク対応は、新型コロナウイルスのような未知なリスクとの対応と類似していると述べた。精緻なＢＣＰは、参考にはできるが、本質的には日常的にどのように社内で「対話」しながら、課題を解決していたかが試されているのではないだろうか。わたしたち法務部門においても同じである。わたしたちの日常がどのようなものであったのかが今試されているのである。

八　これからのリスクマネジメントにおいて法務ができることとは

リスクマネジメントにおいて、法務部門ができることはたくさんある。

いや、本質的にはリスクマネジメントこそが法務部門の業務である。具体的には、他の事例や事案を応用し、事前のマネジメント体制を構築することである。この点については、前述のヘルシンキ宣言を応用することなども考えられる。

もう一つは、「良いビジネス」を事業部門と共に作り上げるという当たり前のことである。そこで事業部門と「良い対話」を行い、製品やサービス自体が「良いもの」「社会から受け入れられるもの」という形を作っていく作業そのものが、リスクマネジメントにおいて法務部門がなすべきことである。決してNOを突き付けるのがリスクマネジメントではない。

新型コロナウイルスへの対応も同じであろう。特にこのような緊急時においては、いわゆる「三線ディフェンス」を堅持することは全くもって有効ではない。なぜなら、その三つのラインは全て未知のリスクであるし、ウイルスは目に見えず、人間の作った仕組みや組織などは全く無視して、感染を広げていく。

第一線である事業部門にまず防御してもらい、それを超えたら法務部門という戦い方でどのようにしたら、このウイルスを防げるのか。法務担当者は、少なくとも今は前線に出なければならない。前線に出て事業部門と交じり合い、日々の変化を体感し、どのようにしたら自社のリスクを防げるかを共に考えなければならない。

そこで必要なのは、法務部門がルールを「押し付ける」やり方ではなく、「ルールの案」を示して、議論ではなく対話を行い、新しいルールを共に作っていくことである。ここでいうルールは、感染防止のための出勤体制のルールなどに限らない。業務フローの立て方や、事業戦略をどのようにシフトしていくのか、社内外のリソースをどのように再配置するか、従業員に対してどのようにコミュニケーションするかなども含まれる。

そして、この戦い方は、新型コロナウイルスが収束した後、あるいはウイルスと格闘しながら生み出される新しい製品・サービスを展開していく際にも役立つはずである。

新規事業への取組み方は新型コロナウイルスへの対応に有効である。逆に、未知のウイルスへの取組み方は、新規事業への取組み方に有効な考え方を提供するのだ。

それは、未来から現在、そして過去へという時間の流れを意識し、そこに線を引いていく作業であるからである。

ルールメイキングの本などで、これからは「4P＋R」であると言われる。それは、PRICE、PRODUCT、PLACE、PROMOTIONに、RULEを加えて商品化を行うというものである。この「RULE」に更に「RISK MANAGEMENT」を加えたい。法務部門が、危機対応に限らず、新規事業、新規サービス、社会実験に、常に「RULE」と「RISK MANAGEMENT」を加えて、

「4P＋2R」として、よりよい事業を作り出していくことこそが、これからの法務部門が本来取り組むべきことであろう。新型コロナウイルス禍は、このある意味当たり前のことを明確化したと思われるのだ。

Column　汚れた名刺と登記簿

会社には様々な人が来訪する。

二〇年以上前のある日、恰幅のいいダブルのスーツ姿の男性がオフィスに来訪した。当社が借り受けている不動産についてということでの来社だったため、受付からわたしの方に連絡があった。

名刺を交換し、相手方の話を聞くと、どうやら当社が借り受けている物件の周辺の地上げを行っている業者のようであった。

当社はその物件をオーナーから借り受けて、地域で居酒屋を経営している取引先に転貸しており、自社だけで立ち退きを判断できるものではない。

すると、その男性は、「店主には立ち退きの話を既にしてあって、金額次第でいつでも出ていくと言っている。あとは御社の判断次第だ。」とわたしに告げた。

「わたしは、この会社の取締役をしているので、全ての交渉権限はわたしにある。

すぐに判断してもらいたい。」とその男性はたたみかけるように、わたしに言ったが、今すぐ判断はできない旨申し伝えて、その場は辞去していただいた。

席に戻って名刺を再度見ていると、何か違和感を覚えたので、その足で、法務局に向かった（当時はネットでの登記簿取得はできず、法務局に行かないといけなかった）。

男性からもらった名刺に記載されていた会社の登記簿謄本を取得すると、違和感の原因がはっきりした。その男性は二年前に退任登記がなされていたのである。翌日、男性からわたし宛に催促の電話があったので、登記簿の件を伝えると、「ガシャン」と電話が切られ、その後コンタクトはなくなった。

そういえば、もらった男性の名刺は、隅が少し汚れていて、それが違和感の原因であったのだろう。

わたしたちは、リモート名刺交換でどのような違和感を覚えるのか。それとも、毎回登記を確認すべきなのだろうか。

リモートワークが常態化した中でふと思い出すのは、あの既に実在しない役職が書かれた汚れた名刺である。

第六章　忘れてはならないこと

一　希望とは、最悪を考えることだ

あるイタリアの作家が新型コロナウイルスについて書いたエッセイに、以下のような記述がある。

「僕は忘れたくない。今回の緊急事態があっという間に、自分たちが、望みも、抱えている問題もそれぞれ異なる個人の混成集団であることを僕らに忘れさせたことを。」（パオロ・ジョルダーノ『コロナの時代の僕ら』飯田亮介訳・早川書房〔二〇二〇年〕一一二頁）

今わたしたちは、楽観的なシナリオが最悪のシナリオになることを認識しなければならない。あと数週間したら昨年と同じような活動ができるというシナリオは、悲観的シナリオに基づいて行動したときよりも確実に悪い結果を生み出してしまう。結果的に楽観的なシナリオで収束に向かった場合、その時点でシナリオを変更すればよい。

繰り返しになるが、その思考様式はわたしたち法務部門が日常的に行っている振る舞いである。従業員が感染した場合、あるいは物流網が断絶されてしまった場合、様々な最悪のシナリオを考えて、可能な対策と可能ではない対策を検討していく。もちろん、実際に検討を行うのは、事業部門であり、現場であろう。ではわたしたち法務担当者は何ができるのか。

二　認識を共通化していこう

例えば、緊急事態宣言が出される前に、その時期・範囲などを想定し、認識を共通化した上で、計画を立てることや、この感染がどの時期まで拡大し、その縮小と拡大、経済活動の縮小と緩和が断続的に繰り返されるというモデルなどに基づき、対応を検討することが求められていた。実際に時期までが記載されたモデルが（少なくとも日本においては）存在しなければ、自分で想定するしかない。そのためには、例えば、米国や英国の公表されているレポートなどを参考にしながら、一旦自分自身で組み立ててみるしかない。そして、そのモデルを、日々の状況を把握しながら、随時更新していく。

社内に対策本部などが立ち上がっている場合は、そのチームでその状況認識をまずは共通化することである。

もちろん、日常の法務部門の思考パターンであれば、日本政府や行政当局が公式に発表している見解に基づき判断すべきという見解もあるだろう。それはもちろん重要な視点ではある。

しかし、例えば、フランス当局の経済活動再開にあたっての見解を見てみよう。

〔四月二八日付　フィリップ首相が国民議会において行った演説要旨〕
・三月一七日以降、戦時下や感染爆発の際にも前例のない制限措置をとっているが、いつまでも続けるわけにはいかない。経済的にももたない。
・段階的に、確実に、賢明に、制限を解除していくべき。
・医療体制は維持されているが、医療従事者は疲れ切っている。
・わたしたちはウイルスと共に暮らさなければならない。ワクチン開発や集団免疫の形成はまだ先の話。ウイルスが広がるスピードを抑えなければならない。
（https://www.fr.emb-japan.go.jp/itpr_ja/coronavirus_00042.html）

ここから何が読み解けるだろうか。感染が収束したという理由だけで、制限が解除されるわけではないのである。「経済的にもたない」という理由も含めて、「段階的に、確実に、賢明に、制限を解除していくべき」という言葉から、その苦悩を汲み取る必要がある。

もちろん、国により医療体制や感染状況も異なる。しかし、絶対に行ってはいけないことは、マスコミ等の報道やましてやネットに溢れる出所の知れない様々なニュースに基づいてのみ判断することである（もちろん怪しげな業者の売り込みもある）。

常に原典に戻る。それは法務担当者が常に行っていることである。法令調査するときにわたしたちはどのような書籍を選んでいるだろうか。それと同じ態度をとるべきである。そして、新型コロナウイルスは、不幸ではあるが、幸いなことに全世界で感染が拡大している。つまり、全世界に先例がある。様々な国が出しているメッセージを読み込み、ベースの考え方を整えた上で、次にどのような動きになるかを検討すべきであろう。自社にグローバルなネットワークがあれば現地からの生の情報を収集するというのも有効だ。そうでない場合は、自分で各国の情報の原典に当たってみることが有効である。

新型コロナウイルスは、人間の物理的な行動を大いに制限したが、グローバルに張り巡らされた情報のネットワークまでには感染しなかった。ただ、繰り返すが情報の質には細心の留意が必要で、それには法務担当者の日常的な調査・分析能力が生かせるのである。

三　記録しよう

法務としてもう一つできることは、過去の緊急的な事態の対応を参照することである。例えば、東日本大震災の際には、阪神大震災の際の立法や解釈が参考になり、今回の新型コロナウイルスについては、東日本大震災の際の対応が参考になる。書籍なども同様である。ネットにおいて様々な情報が出されているが、どうしてもまとまったものとなると書籍（電子書籍も含む）となってしまう。

今後、新型コロナウイルス関連について、様々な訴訟が提起されることだろう。それらはコロナ禍が収束してから判決が出されることだろう。そして、わたしたち法務担当者は、その訴訟等の当事者でもない限り、その判決が出される頃には、おそらくすっかりこのコロナ禍を忘れてしまっている。

国内外の重要な契約の不可抗力条項を一気に検討したことも、労働基準法における休業補償と民法五六一条の関係性について労働法の専門弁護士と電話会議で検討したことも、あれだけ事前に準備した債権法改正において、あまり詳細に議論をしなかったかもしれない新六一一条が急に脚光を浴びたことすらも。

そして、残念なことに、感染症や様々な天変地異はこれからも繰り返しわたしたちに降りかかってくるだろう。首都圏直下型地震や台風などへの備えも必要となってくる。全てのリスクに完璧に備えるのは不可能だろうし、当然のごとく、優先順位付けも必要だろう。

今新型コロナウイルスに対する対応をしていく中で、次のリスクへの備えを並行して行うには、人的・財務的リソースも割くことは困難かもしれない。

しかし、少なくとも人的・財務的リソースを多く割かなくても、次の備えができることがある。

それは、「記録」を取って残すことである。忘れないことだ。世界あるいは日本における感染拡大の状況、政府の指針などを時系列に置き、自社の会議体、発信された対応方針や対策、そこで行われた議論を記録していくことである。整理するのは後でもいいが、まず記録を取っておくべきである。

そして、立法や収束後きっと出されることになる様々な判例をフォローしておいて、合わせて記録しておこう。また必ず将来起こるであろう災いのときに、この緊急事態の対応を後世の担当者が参照できるようにするためである。

繰り返しになるが、東日本大震災の際には、阪神大震災の際の立法や解釈が参考になり、今回の新型コロナウイルスについては、東日本大震災の際の対応が参考とされている。

わたしたちは、いやなことは忘れてしまいたがる生き物である。そして、だからこそ、それを次世代にしっかりと引き継ぐのである。

東日本大震災の際に対策を最前線で指揮した責任者は既にリタイアしていないだろうか。対応の記録はきちんと残されていたであろうか。

いずれ、アフターコロナ世代が大多数になる時代がくる。そのときに、自社と社会の対応の記録をベースに定期的に議論しておく必要があろう。

対応に成功したか失敗したかは、差し当たって関係ない。そのいずれにせよ、記憶は薄れていってしまう。だから記録しよう。それは、必ず次の何かへの貴重な財産になるはずである。

四　どこにも書かれていない要件を定義しよう

わたしたち法務担当者が過去の記録や記述に基づき判断する際に、一般化と個別化で悩むことがある。新型コロナウイルスに限らず、様々な災いは「一般化」された形で現れ、「個別的」に襲ってくる。そこで表現されている事象は、その表現単独で把握できるものではなく、あくまで他の諸事象との関係性においてのみ意味を持つ。

世界との関係性では日本の対策について語るが、東京に在住の者は東京を中心にして考える。そして、身近に感染者が出た場合は、その光景は全く異なるものになる。報道されている事象は、その中で切り取られたものであり、一般化されている一方、ある場面では、局所的に個別化されている。

前述したとおり、法務担当者が自家薬籠中のものとしている法的三段論法的な発想が何より有効となる。一般化された事象あるいは個別事象から、その共通項を取り出し、要件を定義し、今目の前に生じている事象を当てはめていくのだ。しかし、通常の法務業務と異なるところは——あるいは今までの法律の学習方法と異なる点と言ってよい——、要件は「どこにも書かれていない」という点である。

わたしたちは、日常的に法的三段論法を駆使してはいるが、その要件や定義は、判例や通説といった誰か他人が作り上げ、それがある程度の権威をまとったものである。ゼロベースで要件や定義を作り上げることは、あまり日常的には行っていない。しかし、未知のリスクへの対応については、過去例を参考にはしながらも、要件や定義を自ら創り上げていかねばならない。そこでは、トライアンドエラーを繰り返しながら、日々発生している事象を当てはめ、妥当な解決策を見出し、その解決策から再度その要件や定義を見直していくこととなる。

そして、前述した記録を行う際には、再度そこで見出した要件や定義に基づき整理していくことも重要であろう。あたかも、ヘミングウェイが次のようにパリについて記述したように、わたしたちも記録を取っておこう。

——

「これが、パリ生活の第一部の終りだ。パリはいつもパリだったけれど、それは二度とは同じものにならなかった。パリが変るにつれて、きみも変った。私たちは二度とフォラールベルクへもどらなかったし、金持連中も、もどらなかった。

パリには決して終りがない。そこに住んだ人の思い出は、他のだれの思い出ともちがう。私たちは常にパリへ帰った。その私たちというのが、だれであったにせよ、また、どんなにパリが変ったにせよ、あるいは、どんなに苦労して、または、どんなに容易に、パリへもどれたにしても。パリは常にその値打があった。きみがそこへ何をもって行っても、そのお返しを受けるのだった。だが、これは、私たちがとても貧乏でとても楽しかった昔のパリのことである。」（ヘミングウェイ『移動祝祭日』〔福田陸太郎訳・岩波書店〔一九九〇年〕二七五頁）

Column　それぞれの個性について

会社では、人事部主催の様々な研修があるであろう。御多分に漏れず、わたしもそのような研修を受けたことがある。

いわゆる管理職の一歩手前の昇格時研修で、様々なロールプレイングや、話し合いがなされ、行動特性を知るためのテストやワークショップが行われ、それらを外部の人材育成の専門家が常にチェックし、最終日にフィードバックするというものがあった。

最終日はその専門家との一対一の面談で、会社の人事部は同席しないため、いわゆる会社に対する忖度がないフィードバックが行われるというものである。

その場で開口一番わたしは、このようなフィードバックを受けた。

「あなたは、法務には向いていませんね。事業部門などに異動されては如何でしょうか？」

わたしは、開いた口がふさがらなかった。

「わたしは、御社をはじめ様々な企業で法務のマネジャー候補の方と接してきましたが、あなたのような方は初めてで、まずもって、法務向きではないと思います。経験上、法務の方はもっと堅実で、論理的なんです。また、グループワークなどでも主導権を取ることなく、いわゆる批評家的に対応する方が多いのですが、あなたは、いつもグループワークで……」

想像してもらいたい。一〇年以上法務の仕事をしてきて、管理職になる手前の研修で、「あなたは法務に向いていない」と告げられる側の気持ちを。

結局、その研修でのアドバイスとは関係なく、事業部門に異動することもなく、法務の仕事を続けているのだが、もしかすると本当に向いていないのではないかと思う場面が多々ある。

細かいことはあいかわらず苦手だし、論理的に考えていても、最後は理由もない感覚的なものがつい先に立つ。部内で自分の優先する価値観を探り当てるために、自分の優先する価値観のカードを残して、不要なカードを場に捨てるというゲームをしたところ、「安定性」や「秩序」を手札に残す者が多い中、私だけ「変化」や「チャレンジ」などを残して、その「安定性」などのカードをすぐに場に捨てていた。

お互いの価値観は、なかなか変えることができないであろうから、「安定性」や「秩序」を優先するメンバーが成長できる職場環境づくりも重要な仕事だなと思いながらも、やはり専門家の意見を聞いておくべきだったのかなと、価値観ゲームをしながら振り返る法務二五年目である。

〔Column〕 その昔法務担当者の見ていた風景

昔、新任法務担当者のＯＪＴといえば、「法務局」に「登記簿謄本」を調べに行くというものであった。

もはや、知っている世代も少なくなりつつあるが、登記簿が電子化される前は、その名の通り、登記簿として、紙のファイルに綴じ込まれていた（その写しであるので、「登記簿謄本」なのである）。

例えば、ある不動産について担保の状況を調べようと思うと、その不動産の管轄法務局を調べることから始まる。インターネットがない時代では、各社に「管轄法務局一覧」なる書籍が一冊は備え置きされていたはずだ。

その本で管轄法務局を調べて、実際に法務局を訪れる。

知っているのが住居表示のみであれば、法務局に備え置かれている「ブルーマップ」なる住居表示と地番の対応地図で地番を探し出す。登記印紙を購入し、（窓口では販売されず、法務局の前にある印紙販売所となっている司法書士事務所で購入する必要がある法務局もあった）登記簿の「閲覧」を申請する。

しばらく待っていると、Ｂ５判のファイルが手渡される。その中には、縦書きかつ手書きで書かれた登記簿が綴じ込まれている（紙であるので、追記は手書きでなければ無理である）。

そして、閲覧室に入り、閲覧対象の登記簿を鉛筆で書き写すのである。一つのファイルには複数の不動産の登記簿が入っているので、（やってはいけないのだが）一つの申請で複数の不動産について閲覧するのが常であった。

もちろん、誰か別の人が閲覧していると私は閲覧できないため、その場合はしばらく待合のソファーで待つことになる。

閲覧室には、おそらく司法書士などの補助者の方や、調査会社の調査員らしい方がひたすら無言で書き写していた。

今はオフィスのパソコンから全国の登記情報は閲覧できる。

しかし、管轄の法務局に行かなければならないということは、必然的に現地を見ることになるし、あの閲覧室で見た登記簿謄本のファイルからは、そこに描かれた「情報」以外の「匂い」のようなものが感じられたのだ。閲覧申請したファイルが使用中だった場合には、「何か」があるといったことを感じることなども含めて。

わたしたちは、登記情報検索サービスからどのような「匂い」を感じ取っているのだろうか。

ふとあの閲覧室の何とも言えない「匂い」が懐かしくなるときがあるのだ。

第三部　POST　CORONAの法務

第七章　これからの企業法務の担い手とは

一　法律は、社会をよくするためにある

「ゆたかな社会とは、すべての人々が、その先天的、後天的資質と能力を充分に生かし、それぞれのもっている夢とアスピレーションが最大限に実現できるような仕事にたずさわり、その私的、社会的貢献に相応しい所得を得て、幸福で、安定的な家庭を営み、できるだけ多様な社会的接触をもち、文化的水準の高い一生をおくることができるような社会である。……経済学は、この課題に対する回答を考察する社会科学の一分野であるといってよい。」（宇沢弘文『経済学は人々を幸福にできるか』（東洋経済新報社〔二〇一三年〕二〇九頁）

法律とは、ルールとは何のためにあるのか。人の行動を規制し、束縛し、動きづらくさせるものなのか。法律やルールは、人がゆたかな社会を送るために作り出した素晴らしいものであると捉えるべきではないだろうか。

そして、そのゆたかな社会というのは、個々人がまさに夢とアスピレーションを最大限に実現できるような一生を送ることができるためではないだろうか。

わたしたちはよく、法律があるからできないとか、この規制があるから新しいサービスが提供できない、といった言説に接することがある。また、事業部門からもそのように言われることもあるかもしれない。もちろん、どうしても法律は現実の後追いでしかできず、制定後の技術革新や社会の変化に対応していない法律もたくさんある。

しかしながら、法律はそもそも人を不幸にするためにあるのではなく、人がゆたかな社会を実現できるための手段であると捉えられるべきである。

例えば、ある特定の事業を行おうとする。その事業では個人の様々なデータを取得し、それを分析し、新しいサービスを提供するものだとする。その際に個人情報保護法の規制を当然に受けることになる。利用目的を特定し、取得の際にはそれを明示し、(それも具体的にわかりやすく)、保管の際には、セキュリティに留意し、利用しなくなった場合はデータを削除する。

十数年前、個人情報保護法がない時代、ＷＥＢ画面やハガキなどには個人情報をどのような目的で利用するかの明示はなかった。データの管理も厳格ではなく、はがきが普通のロッカーに保管されていたり、エクセルに入力された個人情報は、パスワードや暗号化されることなく、電子メールで行きかっていた。

法律の施行によって、わたしたちの個人情報やプライバシーに対する感覚が変化した面も当然ある。漏洩事件が多発することで不安が増大した点もあろう。二〇〇五年の個人情報保護法施行時には、まだＰＡＳＭＯはなく、パスネットという磁気カードを利用していたし（そう、電子マネーなどまだなかったのだ）、スティーブ・ジョブズが、iPhone を発表したのは、その二年後である。その少し前まで、神保町の古本街では学生の名簿が高値で売られていたし、雑誌の友達募集欄には普通に自宅の住所が掲載されていたのだ。わたしたちの個人情報に対する意識も高いとはいえなかった。

では、今、個人情報保護法以前の状態に置かれたとしたら、わたしたちは、自身の個人情報を事業者に提供できるだろうか。仮に詳細には利用目的を読んでいないとはいえ、単に入力の画面があるサイトに自分の情報を入力できるだろうか。その会社ではパスワードや暗号化されていない個人情報のファイルがメールでやりとりされている（つまり複製ができている）と知りながら、商品購入できるだろうか。

確かに、事業者サイドとしては、セキュリティコストが増したり、利用目的を変更する際の手続や、開示請求への対応コストなど、事業を進めていこうという上では、規制になることは確かである。実務上は明確化された方がよい部分もたくさんあるだろう。

しかし、いまや個人情報保護法がない状態で、不安なくスマホでE-コマースの決済をすることなどできはしない。個人のプライバシーや情報漏洩に対する不安という課題と、事業者における個人情報の活用という課題の双方を解決するために、まるで、図形問題の「補助線」を引くかのように課題を解決に導き出すというのが、法律の持っている一つの側面であることは確かである。

新型コロナウイルス対応に関しても、オフィスにおいて、様々なルールを作り出していく。ソーシャルディスタンス維持のために、オフィスの座席配置のルールを作ったり、会議の運用ルールを作ったり、発熱時の届け出のルールを定めたりしたことだろう。これも、従業員がコロナに感染しないようにするためのルールである。つまり、安全・安心のためのルールなのだ。しかし、法律やルールはそれが一度できあがってしまうと、自己目的化してしまう性質も併せ持っている。うまく使いこなさないと、暴れ出してしまうこともある。

個人情報保護法であれば、利用目的の明示義務を順守するために、他の利用規約と一緒にまるでマニ車（中に経典が入っていて経典を読まなくても回転させると功徳が得られるもの）のように記載して法令順守としてしまう動きを進めていったり、新型コロナウイルス対応での、新しい生活様式を守ろうとして、とにかく食事の時は横向きに座るということのみが自己目的化し、カウンターだけの焼き鳥屋で隣の席と大声でしゃべっているが、ルールは守っていると思い込んでしまうことなどが、そうだ。

わたしたち法務部門は、法律やルールを決して自己目的化してはならない。法律には保護法益や立法趣旨が存在するし、社内ルールも、元々の制定目的が存在するはずである（残っていないことも多いのが困るのではあるが）。

ただ、できあがって、時間が経って、その法律やルールに従って行動しているうちに、わたしたちは、その理由や目的をつい見失ってしまう。そんなときは、そもそも何のためにあるルールなのか確認する必要がある。

社内ルールであれば、何等かの問題が発生して、その再発防止のために制定されたものかもしれない。あるいは、ルールという名称でありながらも、事実上は業務フローを示したものかもしれない。その趣旨を理解し、その背景に変化があれば、そのルールを変えていくということを厭わない姿勢がわたしたち法務部門に求められているのではないだろうか。

社内のルールを変えることもできなくて、ルールメイキングを声高に叫ぶのは、何か違うと思うのである。もっと早く、例えば学生時代からこのあたりを意識してもらえるとよいと思うのだが。

二　ロースクールや法学部に期待すること

わたしは、ときおり大学やロースクールに赴き、企業法務の実際について話をすることがある。そこには、司法試験を受験して法曹を目指そうとする学生や、企業法務への就職を考えている学生など様々な背景の方々がいる。

法律論の難しい話は専門家の方々に任せるとして、わたしは、そもそも企業法務における仕事とは一体どういうものか、契約というものはどのようにして結ばれているのかといった背景や、ビジネスと契約とのつながりなどを実例に即してお話しすることで、学生の方々のうち一人でも多くの方が、企業法務に興味をもっていただければと思っている。

ある年、ある大学の法学部の講義で、「取引のデザイン」という話をした。企業法務は単に契約書を作っているだけではなく、取引先との関係性を構築し、ある意味ではビジネスを作り出す一翼を担っているのだという内容であった。そこで、そもそもなぜ取引をするのかという話をした。

企業に限らず、他者と取引をするということは、自社ではできないことを他者にお願いする、つまり他者の力を借りるということが背景にあるという内容であった。

講義の後は学生の方からレポートが提出されることも多い。わたしのような者からの話で単位が付くということは、レポートや簡単な試験で単位がもらえることも多く、受講する学生の動機も様々なものがある。

そこで印象的なレポートがあった。

「私は、大学の四年間で、法律をたくさん学んできました。裁判例なども調べたりしました。しかし、なぜ取引をするのか、なぜ契約を締結するのかということについては、一度も話を聞くことがありませんでした。今日なぜ取引をするのかという話を聞いて、大学四年間の勉強が一度につながった気がします。」

大体このような内容であった。

わたしは、大学では法学を一般教養としての日本国憲法以外受講していない。その講義も、御多分にもれず、一度たりとも出席せず、レポートだけで単位を取得した。だから大学における法学教育がどのようなものかについての知見はない。実務に必要なあらゆる法律を独学で学んだわたしが想像するに、民法の講義があり、刑法の講義があり、会社法の講義がそれぞれなされているのではないかとは想像できる。

最近では工夫を凝らした授業なども行われているのであろうが、民法であれば、総則から始まり、物権法、債権法といった項目に応じて、その典型的な論点が議論されているのであろう。

そして、試験である論点について、判例や通説に従い論じることが求められているのではないかと推察される。

しかし、法律の教科書に描かれる世界は、わたしたちがビジネスの現場で見ている世界とはかなり異なる世界である。企業間ビジネスでは他人物を売買することはまずないし、承諾の通知を送付した直後に亡くなることもない。詐欺に遭うこともあまりないし、会社を設立する際に、発起人の責任を意識することもまずない。抵当権ではなく根抵当権が主に使われるし、募集設立や新設合併は余程のことがなければ行われない。紛争も、訴訟の場に行くまでに解決することの方が圧倒的に多い。当たり前であるが、経営者はそんなに毎日暴走するわけでもない。

ロースクール生や法学部生をエクスターンシップ生として、会社に受け入れることがある。そこで参加者から共通して聞く企業法務への印象の変化が、

「契約書のレビューばかりしていると思っていましたが、そんなことはないですね。」

「契約書を始めてまともに読みました。」

という契約に関する二つのギャップである。

企業法務が契約書のレビューばかりしているというのは、どこから生まれた印象かわたしにはわからないが、なぜか共通してそのように思われているようだ。

そして、もう一つのギャップが、学生が「契約書」の実例にほとんど触れていないというこ

とである。

　そもそも、契約書やなぜ契約を締結するのかという契約に関する理解があまりない状態で、契約書ばかり見ている企業法務という印象は二つの意味で払拭しなければならないだろう。

　一つは、法学部あるいはロースクールでいくつかの類型の契約書について、その意味合いも含めて説明する時間を設けていただくのはいかがだろうか。そこでは必ず、契約を締結する背景やその周辺事情も含め理解をしてもらえるようにしてもらいたい。法学部生やロースクール生と企業法務の実際のギャップは様々なものがあるが、ベースとしての契約書についての考え方、取組み方についてのギャップは最低限埋めておく必要があると思われる。

　二つ目は、これは企業法務側の広報活動につながることではあるが、企業法務の実情をしっかりと伝えることを様々な場面を通じて行っていくことは非常に重要であろう。


　法学部の人気がなくなってかなりの時間が経つ。わたしの学生時代である八〇年代は、いわゆる文系の学科では、法学部が一番人気であり、かついわゆる「偏差値」も高かったと記憶している。それが、経済学部であったり、国際〇〇学科であったり、リベラルアーツの重要性が叫ばれだして以降、文学部などの学科の方が人気があると聞く。

　これは、ロースクール制度の迷走に加え、法曹資格を取得してからのキャリアに対する学生の不安から来ている要素も大きいであろう。しかしそもそもは、法学部、あるいは法律関係の職種、更には法学の面白さについて、うまくコミュニケーションできていないのではないかと推察される。

例えば、法学部を卒業して、ロースクールに進学し、そこで毎日のように勉強して、法曹資格を取ったとしても、「確実に」よいキャリアが得られる保証がない（仮に他学部に行ったからと言って、「確実に」よいキャリアが得られるという保証もないのであるが、それまでに投入する時間、労力と比して「確実性」の差がないということかもしれない）。

この点については、ある特定のスキルマップがあり、そのスキルをまるでビデオゲームをクリアするようにクリアしていけば、ゴールにたどり着けるという今のキャリア感覚に原因があることも多いのではないかと推察される。更には、ＡＩなどのテクノロジーの進化において、法律関連の職種が、ＡＩに取って代わられる可能性があるという言説に触れたりすると、余計にその労力と得られるもののギャップがあるのだろう。

しかしながら、それにも増して、経済的な意味合い以外の「やりがい」、「楽しさ」、「成長実感」などを伝えきれていないのではないかという印象が強い。

昔ながらの「ギルド」的要素が強く、外からは何をしているのかよくわからないというのが実感なのではないだろうか。

三　イノベーションのための法務人材とは

いわゆる法務人材とは、よく学んだかどうかはさておき、一般的には法学部を卒業し、あるいはロースクールを出ている。更には司法試験に合格し、弁護士としての資格を有している人も多い。いま本書を読んでおられる若手法務担当者の多くもそうだろう。前述したとおり、そのような法務担当者は「要件事実」や「法的三段論法」を得意とするが、アプローチはいきおい「演繹的」となる。

しかし、例えば新たな市場を見出そうとする行為は、以上とは大きく異なる。観察される様々な事象の共通点を探りだし、新たな市場獲得のルールを導き出す。つまり「帰納法的」発想で新たな市場を見出していく。ＡＩによる学習も同じであり、様々なデータを読み込むことで、ルールを導き出していく。そうなると、法務人材はイノベーション促進には向いていないのではないかという結論になりがちだ。

繰り返しになるが、法務は、事業におけるリスクを抽出し、そのリスクをどれだけコントロールするかを主な仕事としている。例えば契約書のレビューなどは典型例であり（契約書がリスクマネジメントの道具であることから当然である）、現実に自社で発生したことのないリスクにまで想像を働かせて文言に落としていく。リスク案件があればその被害を最小化するためにどのようにしたらいいか頭を働かせる。

常にいざというときのために知識と経験を生かして活動している。そして経験を踏めば更にリスクの抽出が容易になり、「リスクに関しては」先を読む力が生まれてくる。新しい法律ができれば、その法律に対応するための仕組みをどのようにしたらいいか考え、場合によっては社内規程やマニュアルの作成を通じて、会社がその法律に対応し、違法状態を発生させないよう尽力する。

一見すると、どう転んでもイノベーションの対極にいるのが法務人材である。

四　ネットワークが重要となる

一見法務人材はイノベーションに向いていないように思える。

しかしながら、これからもそうであろうか。

アクターネットワーク論（以下、「ANT」という）という社会学の議論がある。ごく乱暴にまとめると、モノ・社会・技術を人と同列に捉え、それぞれがアクターとして互いに影響しあうという議論である。モノにより人間も変化し、人間により技術も変化する。どちらかの一方通行ではなく、相互に影響を及ぼしているという議論である。これに倣えば、技術や社会やモノにより法務人材も変化し、法務人材の変化により、社会も変化するという立論も可能ではないか。

ＡＮＴによれば、ある人材はその「人」のみで成り立っているものではなく、オフィスや机、ＰＣやその人の役割、もちろん同僚や上司といった周囲の人その全てがネットワークとして作用し存在し、この集合体こそが役割を果たしているという。

つまり、法務人材の育成を語る場合に、個別の「法務部員」のみを語ってはいけないということになる。

人材育成というと、どうしても「個人」に注目が行きがちである。例えば、スキルマップを作成し、そのためのスキル向上策を立案、実行する。ところがそのとおりに実行しても、まったく理想とする人材にはならない。その理由は、「個人」のみを育成しているからかもしれない。

つまり、ＡＮＴの議論を敷衍すると、イノベーションを促進する法務人材の育成を議論する場合には、「法務部員」の意識をどう変えるかとか、何を学んだらいいかということだけではなく、「法務部員」を構成する「職場」「同僚」「友人」などのまさにネットワークを語らないとならないということになる。

五　何をしなければならないか（個人として）

演繹法を徹底的に学び、日常業務でも駆使している法務人材がイノベーションを促進するには、例えば「帰納法的人材」をネットワークに取り込むことが望ましいと考える。

あるいは、可能であれば、事業部門で新製品開発に従事してみたり、兼業で法務以外の仕事をするなど、今と異なる考え方を自らのネットワークに入れていこう。ありきたりのようだが、意外にやっていないことかと思われる。

モノの側面であれば、フリーアドレスやシェアオフィスはもちろん、例えば文章以外で思考してみる練習をするとか、アートを身近に取り入れてみるとか（法務部の執務スペースにアートがある会社がどれだけあるだろうか？）、様々な異質なモノを取り入れて新たなネットワークを作るという方法もあるだろう。

日常使わない言語を学ぶというのもいいかもしれない。そのようにして、自らと関連するアクターをどんどん変えてみることが有益かもしれない。

六　人材開発より組織開発を

このように「個人」に着目するのは大切だ。しかし、私は今、組織開発の方がより重要ではないかと考えている。個人をいくら変化させても、その個人が卒業してしまえば、また従来の法務部門に戻ってしまう。イノベーションを生み出す法務人材の育成には、イノベーションを生み出す「法務組織」の開発が何より重要ではないだろうか。

組織開発の手法としては、「①見える化（What?）」「②ガチ対話（So What?）」「③未来作り（Now What?）」の三ステップがあると言われている。[2]

法務の仕事は意外に見える化できていないことが多い。組織の課題を見える化することがまずは重要であろう。そのためにリーガルテックを活用することも一つの手段である。

そして、対話である。

お互いの意識や認識のずれを語り合い、違いをあぶりだすということが何よりも大切である。メンバー同士がビジョンを語り合い同意するというプロセスを経て法務部門の組織がイノベーションを進めていくという共通の視界を得れば、その法務組織はイノベーションを促進する組織になるだろう。

もっとも、この点は重要であるが、どんなに機会を与えても変わらない人がいることも現実だ。最終的には様々な人事の手法を検討せざるをえない場合もあるので、このリスクについても検討しておかなければならない。わかりやすく言うと、イノベーションなど嫌いというメンバーへの人事的な対応も含めた対策もセットで検討しておかなければならない。

七　でもイノベーションは本当に必要なのか

イノベーション促進のための法務人材の育成には正解がない。いみじくもある先生がおっしゃっていたのは「それは生まれつきです」というものであった。

しかし、イノベーションを生む法務組織は作ることができるかもしれない。それは組織開発の手法を取り入れて、メンバーの共通ビジョンがイノベーションとして共有化されてこそ実現される。対話の結果が異なるものになった場合に、無理にイノベーションをビジョンとしても空回りするだけである。

ただ、イノベーションが法務のビジョンになれば、その法務組織、そのメンバーはイノベーションを促進する側になるだろう。そしてそれは、様々な有益なネットワークを生み出すだろう。後述する経済産業省の令和報告書にあるとおり、クリエーションの機能の比率は企業のス

〔2〕中原淳＝中村和彦『組織開発の探究』ダイヤモンド社〔二〇一八年〕参照。

テージによって異なってくる。

ただ、機能としては必要な機能であることも確かである。そして、コロナの影響のもと、その機能はますます重要度を増している。これからも、日本企業の法務組織に少しでもクリエーション機能が装備され、イノベーションを促進する組織になるにはどうしたらいいのか、日々試行錯誤を続けていくしかない。

Column

AI時代の読み合わせ

若いころ、担当者として、有価証券報告書の作成を担当していたことがある。今では管理者として、メンバーが作成する原稿を確認する立場であるが、当時は一担当者として、原稿をひたすら入力していた。

当時は、EDINETもなかったころで、所謂ワープロで原稿を入力し、昔から取引をしている印刷業者に印刷を依頼し、刷りあがった有価証券報告書を財務局に訪問して提出していた。

ひとりで担当していたため、手書きで各部から提出された原稿をワープロに入力し、(信じられないとは思うが当時のワープロは全て「上書き」であり、「挿入」という機能は備わっていなかった)、プリントアウトし、赤鉛筆で修正を入れて、再度ワープロに向かって入力するということを繰り返していたのである。

株主総会の翌日に提出するということは今と変わりがないため、総会後の取締役会での役員人事を反映させ、原稿を作成するという作業が最後の最後まで残ることが通常であった。

担当して三回目であったであろうか、その仕事にも慣れてきて、自分なりの手順もある程度確立し、それなりにスムースに進み、無事に財務局に有価証券報告書を提出した翌日、わたしの内線電話が鳴った。

「監査役の名前が間違っていると会計士から連絡がありました。」という経理担当者からの知らせであった。

血の気が引くという表現がよくあるが、正に血の気が引いたことを憶えている。わたしの机の上には、監査役の名前が間違って印刷された有価証券報告書の写しが段ボールに入って積みあがっていたのである（そもそも私が作成した原稿がそのまま印刷されているので、間違って印刷されたというより、原稿が間違っていたのであるが）。

EDINETがない時代、有価証券報告書は印刷され書店等で販売されていたが、当社は非上場であったため、有価証券報告書は販売されず、印刷物を要望に応じて配付していた。

わたしはその監査役の正しい名前のシールを作成し、段ボールの中にある有価証券報告書に貼り付けていった（今では普通は訂正報告書を出したりするのであろうが）。

その後、取引開始時に相手方に提出する「事業報告」と呼ばれる、今でいうアニュアルレポート的なものが刷り上がってきた。最後の役員欄を見て、わたしは再びシールを作成しなければならないことに気付いた。監査役の名前が一名欠落していたのである。

総会直前で債権回収の事案にも対応しなければならず、忙しかったのだ。いや、上司も確認したはずではないか。などといろいろ言い訳を考えたりしたが、要は慣れて気が緩んだのである。

外部専門業者や書類作成にかかわる人数も増加したりしたが、最後の最後まで読み合わせをしてミスをなくすということは、基本姿勢として忘れてはならないと思うし、未だに招集通知などの印刷物などの様々な書類を校了するときは、「ここまで確認したのだから大丈夫。えいやー！」という勢いとともに、あのシールを貼っていたときの何とも言えない気持ちが心に浮かぶのである。

Column　わたしたちが読まなかったすべての本

法務担当者は、とにかく読まなければいけないものが多い。契約書はもちろんだが、新しく出版される法律書や法律雑誌、判例や最近では弁護士事務所などから提供されるメールマガジンなども。

特に、若手法務担当者はその量に圧倒されることだろう。過去に先輩方が読まれた本を読みつつ、新しい本や雑誌にも目を通さなければならない。

そんなときに、イタリアの記号学者であり、有名な小説を書いたウンベルト・エーコの次の一節を送りたい。

「世界には書物があふれていて、我々にはその一冊一冊を知悉する時間がありません。出版されたすべての書物を読むことはおろか、ある特定の文化を代表する最重要書だけでも、全部読むことは不可能です。ですから我々は、読んでいない書物、時間がなくて読めなかった書物から、深い影響を受けています。」

（ウンベルト・エーコ／ジャン＝クロード・カリエール『もうすぐ絶滅するという紙の書物について』工藤妙子訳・CCCメディアブックス〔二〇一〇年〕三六〇頁）

読める時間は決まっている。そのような中で、どのように書籍や雑誌を読むのかを自分自身で考えていくしかない。先の書籍でエーコが紹介したエピソードに、大量の蔵書に紙幣を入れておいて、その紙幣を探すために本を読むというものがある。

しかし今や、電子書籍の時代である。電子書籍には、紙幣を挟むことはできない。わたしたちが挟み込むべきは、紙幣ではなく、「興味」や「関心」であろう。それであれば電子書籍に挟むことができるはずである。

第八章　法務の力で未来を変える

一　新しい働き方――ポリス的・セッション的に

従来のリアルな会議において、仮に一時間設定されていた場合、残り時間があったとしても、何となく折角集まったのだからといって、特に急を要しない会話がなされることも多かっただろう。特に出張を伴う会議などにおいては、妙な「おもてなし」精神から、時間一杯使ってしまうこともあった（これは、後述の研修でも言えることである）。

しかし、誰も対面しない参加者全員がそれぞれ会議に入るスタイルに慣れてくると、例えば途中で退出することにも抵抗感が少なくなる（内職する者も増えてくるかもしれないが、それはそもそもその会議の内容にこそ問題があると考えるべきである）。予定していた時間よりも早く終わった場合は、その終了した時間で終わることも抵抗がなくなってくる。

もちろん、移動時間が必要ない。紙の資料を配布したり、座席順を気にしたりする必要もない。座席順を決めている会議もあるかもしれないが、その時間が全く無意味であったことも表面化する。全員が見ている画面で同時に確認事項をメモしておけば、結論や次のやるべきことも明確になり、一石二鳥の効果があると思われる。

まずは会議に臨む姿勢が変わった。リアルな会議であれば、無言や考える時間などもそんなに違和感がない。会議の場に特段準備をしていないメンバーもその会議の場で考えながら参加することも可能であろう。しかし、WEB会議においては、無言の時間は違和感しか生まず、放送事故のような印象を受ける。事前にそれぞれが準備した内容について、議論を交わすという会議スタイルに変化してくる。

単なる報告などを読み上げるというスタイルはWEB会議ではふさわしくない。リモートワークでは、参加者ごとに流れる時間が違うのである。

記録方法も変わる。メンバーに内容をシェアする議事録の作成という手もある。しかし録音・録画機能を使えばその必要もなく、時差で内容をシェアできる。それはTVの見逃し放送のイメージだ。会議室の関係で絞られた会議体もWEBならその制約がなくなる。逆に録音・

録画機能を使うことにより、情報のシェアも容易になる。つまらない会議なら早送りすればよい。

そうすると、日本中がオフィスになる。世界中が会議室になる。平時の法務部門は、社内の各部門や社外弁護士との打ち合わせが行われている。社内であれば事業部門等から、新たな取組みについて、説明がなされ、それに対して法務部門が質問を行う。

もしも税務面が課題となれば、経理部門などとの調整も必要になろう。そこで起こることは、次回の打ち合わせが再度設定され、事業部門・経理部門・法務部門が一同に会する場で、また、事業部門等から新たな取組みについて説明がなされ、それに対して、経理部門が人件費についての税務面の問題を指摘する。そこで人事部門との調整が必要であることを認識し、次回の打ち合わせが再度設定され……。

ここまでのことは少ないだろうが、同じ内容の複数の打ち合わせが設定される、階層を上がっていくまでに様々な調整的な会議が存在する、そのような会社も多いと思われる。

リモートワーク導入前でもやれたことなのかもしれない。例えばMicrosoft Teamsなどであれば、予め相談窓口をチャネルで設定しておき、そこに相談内容が投稿されれば、直接説明を受けた方がいいと判断すれば、その場で会議を設定し、説明を受ける。それを見た経理部門が税務問題の観点から把握しておくべきと判断した場合にはその会議に「ＪＯＩＮ」する。

要は、会議というのは、リアルであったため予め参加者を選定し、時間を調整し、会議室を予約し（会議室が埋まっていて会議ができないという残念な経験をした方も多いかもしれない）、アジェンダに従い会議が進んでいく。つまり、出社やその場をリアルに共有するということが前提になっていたのだと思う。

しかし、リモートワークや在宅勤務は、「家」にいるということだけではない。

喩えて言えば、一〇〇〇名以上の全従業員が「大部屋」で仕事をしている感覚である。わたしがAという案件について相談したいという「大声」を上げれば、大部屋中にいる関連部署の担当者が、「大部屋」の端々から、「その件には、税務上の問題があります」「労務面は大丈夫ですね。」などと「叫び合い」解決していく。そのようなリアルな世界では実現しないことが、リモートワークや在宅勤務では実現してしまう。

オフィスというフロアや机で「仕切られていた」のが、リモートワークはそれらの物理的制約からわたしたちを解放してくれる。自宅が狭くても日本中が（あるいは世界中が）一つのオフィスになったと考えればいい。これほど広いオフィスがあるだろうか。ただし、そこで唯一残るのが、時差、つまり「時間」である。これだけは解決されない問題である。

例えば新型コロナウイルス対応について、戦争のアナロジーに基づき、指揮命令系統が明確な、軍隊的な組織形態にすべきという考え方もあるだろう。もちろん、全社的な非常事態対応についてては、事業部門と兵站部門・衛生部門などしっかりとした役割分担をして進めていくことが望ましい。

つまり、法務部門には、政府はもちろん世の中の状況を分析して、事業部門に対して、新しい社内ルール作りなど事業継続上重要な仕組み作りや様々な情報を継続的に送り込むことで支えるという兵站的な側面もある。

しかしながら、一番重要な役割は、現場の状況の変化をいち早く察知し、新しい対策を検討し、総合的に判断し、意思決定していくことである。つまり、このような状況下では、平時の組織運営では到底打ち勝てないと考える。更には、前述のとおり、リモートワーク・在宅勤務という中で、メンバー個々人が違う時間の流れの中で業務を行うことになっていることも考慮に入れなければならない。

わたしは、対応の大前提として、まずは、管理職とメンバーの間の垣根をなくしていくべきであると思う。管理職は可能な限り管理的業務を減らしていくべきであろう。そして、自ら手を動かして、今まで以上にメンバーを支えるという姿勢で業務を行っていく。決してJ-POPとラップをそれぞれ奏でるメンバーに、クラシックの指揮者として立ち回ってはならない。

この緊急時には、ジャズのアドリブセッションのように仕事をしていく、その中で管理職は自分の得意なピアノやサックスを奏でていく。そんな仕事のやり方がふさわしいのではないかと考えている。

その意味で在宅勤務の業務管理のために毎日業務報告をさせるなどは愚の骨頂である。ジャズのアドリブセッションが終わった後にすぐ楽譜を書かせるバンドマスターに、誰が付いていくだろうか。

そして、これをきっかけに真のプロフェッショナルとしての仕事の仕方に変えていこう。それにより、今まで仕事ができると思われていたメンバーが実はそうでもないことが明らかになることもあろう。時代によっては、求められるスキルに変化があるからである。個々人に求められるスキルも変化してくることは当然にありうる。必要なのは、何が変わるべきで、何が変わるべきではないかを、しっかりと認識することである。

本書の読者である若手担当者はどうであろうか。

ここで、先に示したイタリアの作家の文章をもう一度引用しよう。


「もしも、僕たちがあえて今から、元に戻ってほしくないことについて考えない限りは、そうなってしまうはずだ。まずはめいめいが自分たちのために、そしていつかは一緒に考えてみよう。僕には、どうしたらこの非人道的な資本主義をもう少し人間に優しいシステムにできるのかも、経済システムがどうすれば変化するのかも、人間が環境とのつきあい方をどう変えるべきなのかもわからない。実のところ、自分の行動を変える自信すらない。でも、これだけは断言できる。

まずは進んで考えてみなければ、そうした物事はひとつとして実現できない。」（パオロ・ジョルダーノ『コロナの時代の僕ら』飯田亮介訳・早川書房〔二〇二〇年〕一一五頁）

わたしたちにとって、元に戻ってほしいことは何だろうか。私は、次に述べる「丁寧さ」ではないかと思っている。

二　丁寧さを取り戻そう

「人生に関すること、家族と社会に関すること、政治に関すること、地域での生活のこと、私たちはこれらのことをほとんど対話することなく、日々を過ごしてしまっている。そうした難しい議論は頭のいい人たちに任せて、自分たちはせっせと働き、自分個人の生活だけを楽しめばいいのだ。かつてはこう考える人たちもいた。しかし、そうした態度はすでに限界を迎えている。私たちは、公共の問題にもう無関心でいられないし、自分個人のあり方についても、いろいろな人から意見を聞いて考え直してみたいと思っているのである。」（河野哲也『人は語り続けるとき、考えていない』岩波書店〔二〇一九年〕三頁）

今、生活や仕事から確実性が失われている。二〇二〇年度の事業予算は修正されているであろうし、年初の計画は変更を余儀なくされている。どうも浮足立ってしまう。今まで体験したことのない新型コロナウイルスの蔓延とその影響によって、様々なことが変化してしまっているため、ある意味仕方がないことかもしれない。

しかし、このような時代であるからこそ、企業法務の仕事においては、今一度「丁寧さ」を取り戻さなければならないのではないだろうか。

例えば契約書のレビューにおいて、ＡＩを使ったレビューシステムを使ったとしても、再度自分の目で読み込むといった丁寧さがある。ある案件がある場合に、在宅勤務で書籍による法令調査が困難な場合に、ネットでの検索だけで終わらせず、条文や判例にきちんと向き合って、様々な角度から調査結果をまとめ上げるという丁寧さもある。何となくリスクがあるからやめておくべきといった根拠も理由もない回答を控えて、きちんとロジックと代替案に触れた回答を丁寧なメールで返事するといった丁寧さもある。

リモートワークや在宅勤務が進んだ今こそ、法律についての議論をしっかり行って、自社のリスクについて綿密な法的根拠に基づいたアドバイスをチームとして提供する「丁寧さ」である。

コロナ禍において、どれだけ長期化するかわからない時期において、飲食店が営業を自粛し、テイクアウトやデリバリーが進んでいった。当初はテイクアウトやデリバリーでまかなっていたが、長期化していくうちに、その便利さにも飽きがきて、自炊するようになった方も多いと聞く。それまでオフィスに毎日出社していた会社員は、自宅のインテリアなどにあまり興味を示さなかったが、いざ毎日家にいると、その殺風景さに嫌気がさして、例えば花を買ってきたり、新しい食器を新調して、気分転換を図った方も多いとも聞く。

日常を丁寧に過ごすと不安が払拭され生活が安定するように、法務の仕事もこの不安定なときこそ、「丁寧さ」を取り戻す時期ではないかと思われる。

もちろん、在宅勤務やテレワークにおいても、業務を従来どおりこなすだけでなく、普段よりもかえって忙しくなった方も多いかもしれない。日々発生するリスクに手探りで対応していた方も多いであろう。

しかし、ある程度落ち着いてきたら、若手法務担当者のみなさんも、もう一度基本に返って「丁寧に」仕事を始めてみよう。ベテランも、契約レビューをＡＩがやってくれたとしても、しっかりと契約におけるリスクを洗い出したり、法令を丁寧に読み込んで検討したり、法律書や判例を丁寧に読み込むことで、自分自身の法的思考の「筋肉」をしっかり取り戻すことが大切だ。それは、まるで、在宅勤務が続く中で、定期的なストレッチなどの運動を行うことが健康維持につながるのと同じようなものかもしれない。

わたしたちは、新型コロナウイルスに立ち向かっていかなればならないが、これを言い訳にしてはいけない。そして、新型コロナウイルスが収束したときには、すぐに全力で活動を行えるように準備しなければならない。

今はまだ外出もままならないし、外部との交流も控えておく必要がある。たくさんの人々が集まる意見交換なども難しいだろう。そんなときにこそ、法務の基本姿勢を維持しておくべきなのだ。

危機時期にこそ、雑に仕事をするのではなく（もちろん優先順位、トリアージは大切であるが）、優先順位の高い仕事は、意識して「丁寧に」仕事をしてみるべきなのだ。

落ち着いて考えることもままならず、意思決定のスピードも加速度を増しているかもしれない。様々なリーガルテックの導入も急速に進める必要が出てくるだろう。だからこそ、わたしたちは、企業法務としての思考、考え方の本懐を忘れてはならない。

もちろん、日々刻刻と変化する状況に従来の思考では対応できないこともたくさんある。それについては、従来型の思考で対応してはかえってリスクを高めることもある。ただ、毎日その対応型思考を続けると、本来の企業法務の思考が狂ってしまうこともありうる。だから、余計に「丁寧さ」を今取り戻すべきである。

それは、レヴィ・ストロースによる「器用仕事（ブリコラージュ）」のように、栽培化され、飼いならされた仕事から、持ち合わせの素材を組み合わせた仕事を取り戻すことなのかもしれない。

ブリコラージュとは、例えば、レヴィ＝ストロースが以下のように描いたものである。

「これらの道具類は、大変不細工で、ほとんど加工品とは言えないようなものである。ナンビクワラ族の負い籠に入っているのは、原料が主で——様々な木、とくに擦り合わせて火を作るための木、蠟や樹脂の塊、植物繊維の束、獣の骨や歯や爪、毛皮の切れ端、羽毛、蝟の棘、木の実の殻、川に棲む貝類の殻、石、木綿、草の実など——、彼らはそれで、必要に応じてものを拵えるのである。」（レヴィ＝ストロース『悲しき熱帯Ⅱ』川田順造訳・中公クラシックス〔二〇〇一年〕一六一頁）

わたしたちもたくさんの原料を持っているはずである。法律はもちろん、様々な経験、知識、人脈、そして感情も。それらを丁寧に組み合わせて「器用仕事」をしていくべきなのだ。

一度仕事が「雑」になるとなかなか取り戻すことはできない。新型コロナウイルスにわたしたちの仕事まで感染させてはならない。日々の仕事に「丁寧さ」を取り戻し、それぞれが「対話」をし続けることが、企業法務にとっての新型コロナウイルスへのささやかな抵抗ではないかとそんな気がしている。

三　境界線から飛び出そう

「そしてくり返しを強いる制度によって知覚は自動化し、決まりきった枠の外に出られなくなり、私たちはどんどん息苦しくなっていく。そんなとき『世界を変えよう』とうずうずしている芸術たちは、目の前にある制度や境界を超えた関連づけの方法へと魅惑的に私たちを引きずりこんでくれ、生の全体性にもとづく豊かな発想へと導いてくれる。そして人類学が芸術をつうじて示すことができるのは、まさにこのような意味での創造性なのだ。」（松村圭一郎＝中川理＝石井美保編『文化人類学の思考法』世界思想社〔二〇一九年〕八三頁〔渡辺文〕）

法務の仕事に「丁寧さ」を取り戻しつつ、わたしたちが目指すべきは、法務という仕事の境界線から飛び出すことである。「それは法律問題ではない」という言葉には、確かに自らの役割を明確化する効果がある。しかし一面、自らの仕事の範囲を狭くしてしまっているきらいもある。

もちろん、わたしたちは、モノを作り出すことはできない。

しかし、後述するように業務のオペレーション全般に目を配り、新しいオペレーションができてから、それを法的に思考し、例えば社内規程化するということではなく、業務のオペレーションの効率性やＵＩにまで目を配り、どのようにすれば、みんながよりよく仕事ができるか、それが結果的に内部統制やリーガルリスクの低減といったことにつながるのではないかという思考法で仕事をしていかなければならない。

そこでは、業務オペレーションをデザインしていくという思考が必要となる。パソコン入力操作の容易性まで含めたＵＩの設計にまで関与すべきであろう。関与というと間接的に思えるかもしれない。それは実際にプログラムを組むまではできないという意味での間接性であり、システムエンジニアとひざ詰めで打ち合わせをするというレベルでの関与である。

ルールを実装するために、従来であれば、社内規程というルールを制定し、それを遵守してもらうというスタイルだったかもしれないが、そのルールを守るためのオペレーションの設計にとどまらず、オペレーションの設計からルールの変更という流れまで作り出すようにその境界線を越えていかなければならない。それは、まるで法務機能を現場に実装していく作業のように思えるかもしれない。

それだけではない。各部門の業務がどのようにしたら、快適でスムースに流れ、結果的に様々な牽制機能を維持できるかという双方の観点でデザインする思考を持たなければならないのだ。単に二メートル離れるというルールなら、誰でも作ることはできる。ソーシャルディスタンスの維持のために、会議室の座席を間引く必要があるということで、椅子に使用禁止のステッカーを張ることくらいまでは想像できるかもしれない。

しかし、そのステッカーを見てからでは遅いのだ（会議室の定員以上の会議が開催予定かもしれないからである）。せめて会議室の前に定員を張り出すことは必要であるし、予約システムがあるのなら、そこに臨時の定員を示す必要があろう。

ルールを決めるだけでなく、どのようにすれば、効率性を維持したままそのルールを守ることができるのか。想像力を働かせて、オペレーションを考えていくことが重要となってきている。

四　テクノロジー導入の際の二つの視点

リーガルテックなどのテクノロジーの導入の際には、二つの視点が重要である。

一つ目は、破壊者、「矛」としての視点である。システム上のものもあるし、ルールやマニュアルに規定されているものもあるが、既存のワークフローにおける課題を洗い出し、その解決のためにテクノロジーを導入するものである。テクノロジーの導入により様々な「便益」がもたらされるのであれば、その便益を可能な限り享受すべく、どのようにしたらメリットが得られるかを洗い出すべきである。

例えば、ペーパレス化によって、在宅勤務でも業務が可能であるとか、契約管理データベースができあがることで、今までできなかった期間管理ができるなどがその一例である。リーガルテックは魔法の杖ではなく、あくまで自社にそもそも存在した課題を解決するツールである。

二つ目の視点は、「盾」としての視点である。前述したとおり、社内のルールやマニュアルにはそれが制定された際の背景や理由がある。その中の一つが、実は「業務効率化」であるということを、わたしたちはしばしば忘れがちである。会社法上の内部統制システムの基本方針に、「取締役の職務の執行が効率的に行われることを確保するための体制」とあるのは必ずしも偶然ではない。

例えば、その昔は帳票設計という業務が存在していた。出荷伝票であったり、出勤伝票であったり、休暇届といったたぐいのものも含まれるが、それらが紙で存在していた。それらは、決まった書式で作成され、それ以外の書式では受け付けられないというものであった。

確かに形式的な側面もあるし、法律やルールのように自己目的化してしまっている点も否定はできない。しかしながら、その書式通りに仕事をしていけば、毎回マニュアルを見る必要はないし、ルールを確認する必要もなく、実は効率的に業務が進むという側面があったのだ。

例えば、社内で印鑑を押印して手続を進めていく帳票においては、押印欄が右から左に流れるように設計されていた。右から左に流れるハンコ枠は、実は業務フローが図式化されていたとも言えるのである。新入社員が白紙のフォーマットで社内手続を行おうという場面を想像してみよう。何を書いたらいいのかわからないし、次に誰の承認をもらえばいいのかも分からない。どのような部署が関与しているのかも全く見えないだろう。

確かに、形骸化している手続もあるし、記載事項を柔軟に変化させていない場合には、非効率な部分が生まれてくる。しかしながら、それは「帳票」そのものの問題ではなく、その後ろにある社内の手続の妥当性の問題であり、そのルールの趣旨・理由の問題であるのだ。そういえば押印する印鑑を「おじぎ」させて斜めに押印するのがマナーであるという前近代的で排除されるべき都市伝説も存在していたが、こんなものは論外である。

では、何を守るべきなのであろうか。その手続が牽制の趣旨なのか、効率化の趣旨なのか、ワークフローを予め見える化する便利なものだったのか。そこをしっかり理解した上で、テクノロジーを導入していかなければならない。

例えば、ある申請書をワークフロー化する場合に、今までであれば、申請者は、どの部署に申請しなければならないかを知っていれば申請ができたものが（帳票は「部署名」は記載されているが「誰に」申請するかまでは記載されていない）、「誰に」申請するかを申請者に選択させるという新たなワークフローを設計した場合、そのワークフローは何のための効率化かわからなくなってしまう（もちろん、紙であれば、受付部署において担当者を割り振るという業務を行っていたはずであり、その分別作業を申請者に負担させるという変更になるのだ）。

つまり、単なる電子化やシステム化はテクノロジーの導入が目的ではないということである。

手段は目的化させてはいけないのだ。なるほど受付部署共通のアドレスに申請するというプロセスにするというアプローチも存在する。しかしそれが必ずしも効率化につながるかどうかはわからない。その手続の頻度やセキュリティの問題など、様々な課題が存在するであろう。

電子署名などを含むリーガルテックの導入における課題は、決して法制度の問題ではない。社内手続をどのように変化させるのか、そしてその際にそもそもなぜそのような仕組みになっているのかを正確に理解し、ルールを変えるべきところは変えて、変えられないところや変えるべきではないところ（変えたくないところではない）を必ずその趣旨・理由から洗い出して、それを解決できるのであれば、システムを設計し、その実装を行うということである。

「矛」だけでも「盾」だけでも達成はできない。「矛盾」の中から新しいものは生み出されるのである。

五　企業法務のＮＥＷ　ＮＯＲＭＡＬとは

最近では、ＷＩＴＨコロナやＰＯＳＴコロナといった言葉が、人口に膾炙している。新しい常態、「ＮＥＷ ＮＯＲＭＡＬ」について語られることも多くなってきた。まるで「家族ゲーム」や「最後の晩餐」のように食事することが新しい生活様式であるということもその中の一つではあるのだが。

在宅勤務やリモートワークの普及や、どうしても感染が拡大してしまいがちな都市での一極集中を避けた地方分散の必要性。通勤時間がなくなったり、時差出勤などが常態化することで、女性の活躍の場がより増えるとか、進展していたEコマースが更に加速するといった展望がある。

それでは、法務部門にとっての「NEW NORMAL」とは何であろうか。

「新型コロナウイルス」のようなパンデミックは、世界を一変させる。

しかし、パンデミック「だけ」が原因では世界は一変しない。中世のペストや二〇世紀初頭のスペイン風邪について持ち出すまでもなく、パンデミック以前から徐々に起こっていたことが、パンデミックによってその速度を想定外に加速して、世界を一変させたように見えるだけだ。

新型コロナウイルスの感染が拡大する前から、Eコマースは急速に拡大していた。かなり前から地方分権も叫ばれていた。文化庁は京都に移転していたし、消費者庁は徳島に移転しようと検討されていた。在宅勤務やシェアオフィスでのリモートワークは程度の差はあれ、各社において普及が始まっていた。特に東京オリンピックのために準備していた企業も多かったと思われる。

電子サインやAIによる契約レビューシステムなどのリーガルテックの普及や、WEBセミナーなどもこの数年の間で実装されてきた。必ずしもコロナ禍を念頭においていたわけではないが、バーチャル株主総会の可能性についても検討が進められようとしていた。

ただ、わたしたちは、やはりリアル書店にいって本を吟味して買っていたし、都心の高層マンションに住んだり、毎日満員電車で通勤し、仕事帰りには、酒を酌み交わしながら、仕事の愚痴を言い合う日常を送っていた。

たしかにＷＥＢ配信も普及を始めていたが、法務担当者はやはりリアル会場に足を運ぶことも多かったし、在宅勤務も制度上は可能であったが、実際は、育児をしている家庭や、たまに別の用事があるときなどに限定されていた。おおむね九時には出社し、終日オフィスで働いていたのが日常であったと思われる。

外出したいという別の理由があったかもしれないが、やはり外部の弁護士事務所には訪問して相談することが多かった。当然であるが、裁判所には傍聴に出かけていたのだ。

新型コロナウイルスはこの光景を一変させてしまった。在宅勤務や時差出勤により満員電車に乗ることも激減した。同僚や仲間と酒を酌み交わすのは、画面上となり、書店に行かず、本はＥコマースで取り寄せている。ただ、朝の九時から働くことがあっても、ランチの時間は空いている時間に自由に一人で食べることができるし、仕事が終わればすぐにシャワーを浴びて、余暇を過ごすこともできる。できることはきっと増えたように思える。

しかし、今までのようにはできなくなってしまったことがある。やる機会が少なくなったこともある。朝の雑談や、ふとした思い付きから始まる会話や議論。ホワイドボードを使ったブレーンストーミング。

そして、何よりの変化は、通勤地獄がなくなった代わりに、世間に触れる時間が著しく減ってしまった。吊り広告を見ることはなく、耳に入ってくる他人がする会話や、そして、何よりも匂いが消えた。これらをどのようにして取り戻していくのか。あるいは取り戻せないのか。取り戻す必要はそもそもないのか。

議論していかなければならないだろう。ただ、取り戻そうとしたとしても、そのままでは、もはやできない状態にせざるをえないことはある。

経済活動が再開したとしても、しばらくの間海外出張や大型イベントは行われないだろう。サプライチェーンもグローバルに広がっていたものをある程度閉じた中でのつながりによって、そのリスクヘッジを図る方向になるだろう。

国内に限って言うと、インバウンド旅行者によって人が溢れかえった日常は当分訪れることはない。ライブハウスやカラオケボックスで大声を出すことも、多数が集まるセミナー等のイベントの後で、グラスを持ちながら懇親する風景は当面訪れない。みんなで同じ皿をつつきながら、ビールジョッキを突き合わせることはできないだろう。海外からの来客と挨拶を交わし、握手やハグをすることも当分はない。

しかし、できなくなったと思われていることについても、ただできないことを嘆くのではなく、代替手段を使って、同じ目的に近づけることはできるかもしれない。

チャットを使って意識的に雑談を作り出しているところもあるだろう。定期的にリモート飲み会やランチ会を実施している部署もあるだろう。WEB会議システムでも、使い勝手は別にして、ホワイトボードのような機能があるツールもあるだろう。SNSもうまく使いこなせば、様々な情報が入手できる。

新しい現実、NEW NORMALを考えるときには、「NORMAL」が邪魔をしてしまうと言われる。特にわたしたち法務担当者は、改正法に対して向き合う癖から抜け出せない。現行法と改正法を比較し、現状における影響点を洗い出し、必要な対応を検討するというあのプロセスである。

しかし、新型コロナウイルスは、法律ではない。人間が作り出したものではなく、その実態もいまだにわからない。その影響も収束予測時期も、刻刻と変化する。

内容と施行時期未定の、何だかわからない法改正に対応しなければならない、そんな姿勢で向き合わなければならないのだ。新型コロナウイルスがもたらす新しい常態に対応していくには、それ以前の常識を、ここでも一旦カッコに入れてみることが必要ではないかと思われる。

わたしたちは、新入社員時代から、リモートワークが前提で働いていたと考えてみよう。居酒屋でも会話を控えめにするのがもともとのマナーであり、他人と会話をする際は、マスクをしたり、最低二メートル離れるのがマナーとして子供のころから教えられていたと想像してみよう。

そう考えてみたら、見えてくるものがあるのではないだろうか。

リアルで他人と会うことは希少価値があるものであると考えてみる。すると雑談をするには、意識的な仕掛けが必要となるだろう。その雑談に参加したくないと思う人は無理に参加しなくてもいいという別のマナーも存在するような世界を想像してみる。オフィスに出社するのは、まるで「オフ会」のようなものだという世界。

文字情報や図形情報によるものが意思の伝達手段のメインであり、空気感や顔色は他人へのメッセージを送る手段としてはふさわしくないと教育されてきた世界。

仕事上、チームメンバーはもちろん、社外の方にも上半身しか見られないため、革靴やパンプスは下駄や草履なみに滅多に着用することがないような世界。

まさに、次のように、虚栄心などがなくなることで、他人に配慮ができるようになるのかもしれない。

「くそまじめには虚栄心が顔をのぞかせる。虚栄心の強い者はささいなことを大げさに考える。虚栄心の強い者にとっては、自分に起ることすべてが恐ろしく重要なのである。このようにみると、明らかに、虚栄心はトルー・ビリーヴァーの第一の構成要素である。同じく、自己を重視しないことがきわめて大切なのも明らか。」（エリック・ホッファー『波止場日記・労働と思索』田中淳訳・みすず書房〔一九七一年〕一二四頁）

六　ユニバーサルデザイン化とリモートワーク

話は変わるが、例えば発達障がい児などにおける教育現場での取組みにおいて、様々な手段が取られている。そこで言われているのが、「授業のユニバーサルデザイン化」である。それは、どういうものかというと、大まかには、以下のような三つのやり方が提唱されている。

（1）いろいろな提示方法の利用
例えば、聴覚方法、視覚方法の代替の準備や、構造や構文をわかりやすくしたり、テキストなどをはっきりさせること
（2）いろいろな表現方法の利用

例えば、支援ツールの利用や、繰り返し練習するための支援ツール、めだてといわれる予定表を示すなど

（3）いろいろな参加手段の利用

例えば、自主性を増やしたり、不安や気を散らすものを減らしたり、ゴールや目標と定めたり、協力やコミュニケーションを維持する

これは、視覚が得意なこども、聴覚が得意なこども、運動が苦手なこどもなど様々なこどもがいる中で、従来型の画一的な教育ではなく、様々な多様性のある内容で様々な情報を活用して授業を工夫するというものである。

従来の会社に集まって、顔を突き合わせて、同じようなやり方で仕事をしていた状態から、在宅勤務、リモートワークの導入により、今までとは異なる得意・不得意が出てくるものと思われる。

一人で籠ってこつこつと仕事をするのが得意なタイプは、急な声がけがなくなって集中して仕事ができるようになったことであろう。雑談をしながら、様々なタスクを並行して遂行するのが得意なタイプは、突発的・偶然的な業務が減ったことにより、やりがいを失ってしまっているかもしれない。

従来は、同じ場所に集まり、島型の座席で半ば強制的に同じ時間の流れを体感することで、これを一致させてきた部分が大きいと思われる（学校の授業を想定すればそれがよくわかる）。

つまり、単にオフィスで行われていた業務がそのままリモートに切り替わったわけではないということを認識しなければならない。そしてそこでは様々な違いについて、より深い考察を行う必要が出てくる。例えば、聴覚障がい者にとっては、リモート会議は対応不可能になってくる。対面の会議であれば、読唇術などを活用して、情報を取得していた者が、リモート会議になると、音声情報が中心となってしまい、対応が困難になってくる。

しかし、音声アプリというものが存在し、音声を自動で文字情報に切り替えてくれるものである。これを導入すると文字で情報が共有されるし、結果的には、議事録の作成なども含め、聴覚障がい者以外の者にとっても、有益なものになる。そして、発話もより鮮明に行われるであろうし、言いよどみなども意識して減らすことにもなろう。

明確な言い回し、わかりやすい資料はもちろん、それぞれが異なる時間や背景を持っているということを理解しながら、コミュニケーションを取る必要が出てくる。

しかし結果的には、それは、全員にとって有益になることにもなる。ユニバーサルデザインは、誰にとっても有益なものになりうるのである。会議のユニバーサルデザイン化は、リモートワークにおいて必要なことであるし、有益なものになりうるものであろう。

こうした気づきをたくさん積み上げていけるようになりたい。

七　変わるものと変わらないもの

もはやビジネスや企業を取り巻く環境は激変している。

二〇一九年、令和元年に、経済産業省から所謂「令和報告書」が公表された。前年に公表された報告書に続くもので、法務機能を「パートナー機能」と「ガーディアン機能」とに整理した上で、「パートナー機能」を「クリエーション機能」と「ナビゲーション機能」に分け、「ガーディアン機能」を重要な基礎とした本報告書の内容には賛否両論あったものの、この内容に基づいて、わたしたちは、企業法務の在るべき姿について語り合い、更に議論が深まるはずであった。

また、これからのガバナンスやルールメイキングの在り方については、「Governance Innovation」についてもレポートが出され、こちらについても議論が進んでいくと思われた。

今後は既存の伝統的な企業であっても、急にグレーゾーンにぶつかり、逆に新たな規制の必要性を感じたり、法改正の必要性を痛感したりしてくるのではないだろうか。つまり、今求められている法務機能はまさに「令和報告書」で提言されていた「クリエーション機能」にほかならない。

人材育成の側面もそうである。リモートワークが中心となったとき、ジョブディスクリプションは明確化されるべきであろうし、その際にメンバーシップ型ではなく、ジョブ型の採用が必要であると再認識されたのではないか。

そして、例えば、法務部門が新型コロナウイルス対策の中心として活動している企業では、法律の専門性だけでなく、学際的な様々な経験を積むことにより、法務の力をまさに経営に直接生かせると再認識できたのではないだろうか。

何もゼロから焦っていろいろ考える必要はない。今まで進めてきたあるいは進めようとしてきたクリエーション機能の強化や、リーガルテックの導入などの速度を速めるだけである。更には、前述のように会議をユニバーサルデザイン化することも可能になる。それは全ての人々にとって、「生きやすい」世の中を作る第一歩になるような気がしている。

そして、更に我々がなすべきは、企業や社会、あるいは人々の働き方や意識の変化に応じて生まれてくる新しい事象に対して、一旦は既存の枠組みに基づき対応してみつつも、そこで感じた「違和感」について更に声を上げることである。

八　コロナの後にあるもの

ペストがルネサンスを生み出したわけではないが、ペストの流行の後に、ルネサンスが生まれた。ルネサンスというのは、「再生」「復活」を意味する言葉であり、一四世紀にギリシャ・ローマ時代の人間中心主義を「再生」しようという動きであった。教会などの当時の権威から、人間を解放しようというものであった。コロナの後にルネサンスというのは、単純なような気もするが、歴史というのは繰り返すということもまた事実ではある。

私は、企業法務は、この二〇年ほどの間に、その地位を着実に向上させてきたと自負していいかと思う。企業法務において日本法の法曹の有資格者の数は確実に増加してきたし、経済産業省が二回も「企業法務の在り方」について、有識者を集めて報告書を出して、提言をしていることもその証左ではないだろうか。

しかし、この流れを見ていると、ふと我に返るのである。「これでいいのだろうか」と。

例えば、契約書は、法務部門の審査なしに締結されることは少なくなったかもしれないが、案件の増加に伴い、企業法務担当者を大量に生み出しただけではないだろうか。

例えば、生産性が低い契約書の細かい文言のこだわりのやりとりのために、何度もメールを送り、交渉するという時間を浪費してしまっただけではないだろうか。

ガバナンスのため、コンプライアンスのためという大義名分のもとに、本当に守るべきものを守らず、仕組みのための仕組みや、体制を守ることにのみ注力してしまったのではないだろうか。

「様もなく情報に肥え太り燥ぎさわぐ批評家か、みすぼらしく自陣に立て籠もり痩せ細る専門家か。あるいはその場その場にあわせて、この二つの仮面を手早く取り替えながら歩むか。」（佐々木中『切り取れ、あの祈る手を』河出書房新社〔二〇一〇年〕一八頁）

わたしたちは、もしかするとこのような批評家か専門家としての営みを、職場などで繰り広げてはいなかっただろうか。

もちろん、ルネサンスと言ったからといって、二〇年前に戻ろうと言うのではない。総会屋対策や、債権回収に注力していたあの時代に戻ることは決して企業法務に今求められていることではない。ただ、リーガルテックなどのテクノロジーの急速な普及、リモートワークや在宅勤務などの新しい働き方は、「贅肉のついた」「無限に拡大する資本主義」のようになってしまいかねない企業法務に「丁寧さを取り戻す」ために、その導入への目的を再設定した方がいいようにも思える。

個々の案件にしっかりと寄り添い、契約書以外に表れてくる様々な事象、匂いや想いまでも汲み取って、新しい仕組みや取引、ビジネス、ルールを創造していく、あるいは破壊していくこと。そういった取組みこそが、今企業法務に求められているということを新型コロナウイルスが教えてくれたのではないだろうか。

哲学者のシジェクは、このように述べている。

「おそらくこれが進行中のウイルス蔓延から学びうる最も不穏なことである。自然がウイルスでわれわれを攻撃しているとき、或る意味で自然はわれわれに、われわれ自身のメッセージを送り返しているのである。『あなたが私にしたことをいま私はあなたにしている』がそのメッセージである。」（スラヴォイ・シジェク「監視と処罰ですか？ いいですねー、お願いしまーす！」松本潤一郎訳・現代思想四八巻七号〔二〇二〇年〕三四頁）

わたしたちが、今企業法務としてなすべきことは、わたしたちがビジネスや社会に伝えているメッセージを変えることなのかもしれない。

例えば、リスクをことさら大声で叫び続けることが、ありとあらゆる契約の審査を法務部門に波のように押し寄せてくる原因だったとしたら。営業部門が契約書を読まないと嘆いている原因が、必要以上に契約書の文言を難解にしてしまったり、実態と全くかけ離れた議論ばかりしているわたしたちの声の反映だとしたら。

わたしは、企業法務は、事業課題あるいは社会課題について、まるで数学の図形問題を「補助線」を引いて解決していくような仕事だと思っている。法律やルールは人を縛るものではなく、もともとは、「うまくやっていく」ための人間が生み出した素晴らしい知恵なのだと考えている。

では、これからわたしたちが解決しなければならない「図形」はどんな図形なのだろうか。

九　新たに企業法務が解決すべきこと

企業法務が解決すべき課題はどんどんその範囲を広げている。

例えば、ＥＳＧ投資ということが話題に上ることも増えてきている。環境（ENVIROMENT）、社会（SOCIAL）、統治（GOVERNANCE）であるが、企業法務は、この統治については、わが意を得たりと、コーポレート・ガバナンスの強化という文脈で、対応していこうという発想は当然あるだろう。

環境においても、環境規制法を調べたり、環境関連の契約書のひな型を整備したりすることもあるだろう。

しかし、例えば、環境について自社が先んじてルールを作り出すことで、競争優位に立つとともに、技術革新を自社だけでなく、サプライヤーなどと協働して生み出したり、最終的には政府などにも働きかけて、ルールをデザインして、未来への責任を果たしていこうということも企業法務はできるのだと思う。

現在のリスクをヘッジするだけではなく、未来に何を残すのかということも、今ルールに携わるわたしたち企業法務には求められているであろうし、できるはずであろう。

更に、SDGsにおいてもそうである。

SDGsは二〇一五年の国連サミットで採択されたため、ニューヨークの国連本部をイメージするわたしたちは、もしかすると米国発祥のような誤解をしがちであるが、ESGやSDGsは欧州発の考え方であることには留意しておく必要があろう[3]。

つまり、倫理やルールということを背景に社会を作っていくという欧州の発想を全世界に広げていくという側面もあると思われる。その背景を充分に理解しないまま、大きなバッチをつけて、夏でもダークスーツに白いシャツとネクタイを締めて、男性のみで接待を伴う飲食店で会話をするということではわたしたちはSDGsには何ら貢献することはできないだろう。

更には、二〇二一年の世界経済フォーラムの年次総会（ダボス会議）のテーマは、「グレート・リセット」とされ、社会の進展が経済の発展に取り残されることのない、人間の尊厳と社会正義を中心とした、新しい社会契約が必要だとされている。

わたしたち企業法務としては、SDGsや「グレート・リセット」をどのように自社のビジネスに上手く接続していくか、「倫理とルール」「人間の尊厳と社会正義」という、まさに企業法務が貢献できるフィールドが広がっているということを強く認識する必要がある。そのためには、従来型の依頼を受けてから対応するという姿勢ではなく、ビジネスの中に入り込んで、より具体的に将来を一緒に描いていくという姿勢が重要となっていくだろう。しかし、その際には、企業法務部門が有している全体を俯瞰する「鳥の目」が役に立っていくのである。

「具体」と「抽象」、「帰納」と「演繹」、「個別」と「全体」、これらをしなやかに往復運動していくことができる企業法務にならなければいけないと思う。

十　不安を抱える法務担当者へ

これからの変化について、わくわくする人もいるだろうし、何となく不安になる人もいるだろう。不安といえば、こつこつ積み上げるのが得意なのに、ＡＩなどのテクノロジーの進化で、自分の居場所がなくなってしまうのではないかという不安。

更には、対面での会話は得意だが、メールやテキストなどでのやりとりは、ニュアンスが伝わらないので、苦手であるといったものもあるだろう。

これからの時代は、おそらく既存の問いに対して、答えを出すという仕事は、ＡＩなどのテクノロジーによって代替されていくはずである。その進化のスピードはいつになるかはわから

［3］この点については、落合陽一『二〇三〇年の世界地図帳』（ＳＢクリエイティブ〔二〇一九年〕）を参照のこと。

ないが、チェスや囲碁といったルールのあるゲームはＡＩの方が優れているし、クイズのようなものについてもそうである。しかし、ＡＩには、チェスや囲碁といったゲームのルールを作ることはできないし、誰も知らないことについてのクイズの問題を出すことはできない。

確かに、所謂受験勉強的なことを得意としていた人にとってはつらい時代かもしれない。なぜならそのスキルはＡＩなどのテクノロジーによって代替されていくのだから。

しかし、どれだけ受験勉強が得意な人においても、疑問に思ったことを解決しようとしたり、見たこともない課題を解決しようという「意思」はあるはずである。遠回りのようではあるが、「意思」さえあれば、様々なものが見えてくる。「意思」さえあれば、出会いやきっかけもつかめてくる。

また、リモートワークの普及に戸惑っている人もいるだろう。雑談やふとしたきっかけで生まれてくる出会いなどから、仕事が上手くいったという経験もあるかもしれない。しかし、リモートワークで減ってしまったことをいくら数えても仕方ない。リモートワークでできるようになったことを増やしていく方がどう考えても建設的である。つまり、これから必要なのは、「答え」ではなく、「問い」を立てることなのだ。

そのためには、自分自身でどのような音色を奏でるか、自分自身で考えるしかない。ここは学校の音楽室ではないのだから。誰もあなたにリコーダーやトライアングルを割り当てることはしない。あなたが、トランペットを吹きたければ吹けばいいのだ。

テクノロジーがいくら進化しても、リモートワークのように働く環境が変わったとしても、あなたが何をしたいのか、あなたに「意思」が強くあれば、不安に思うことは決してない。

十一　ブリコラージュ

では、これからわたしたち法務担当者は、そして、わたしたち企業法務はどのように変わる必要があるのだろうか。

社会の変化やテクノロジーの進化にどのように対応していけばいいのだろうかと悩んでしまうと思われる。そんなときに私は、学生時代に読んだある本の一節を思い出す。

「レヴィ＝ストロースによれば、寄せ集め細工師とは、《あり合わせの手段》つまり身の廻りにあってすぐ使えるような、前からあるような諸道具を利用する人のことなのであり、それらの道具は、それらを役立てる加工作業のためにわざわざ考案されたものではなく、また、必要と思われればすぐさま変えてみたり、たとえ、出所や形が異なっていても一緒にしていくつも試してみたりしながら、試行錯誤的に採り上げられるような道具なのでもない云々。」（ジャック・デリダ『エクリチュール と差異（下）』梶谷温子ほか訳・法政大学出版局〔一九八三年〕二二三頁）

どうしても、法務担当者は、精緻で体系的な完全な知識がないと判断できないと考えがちである。もちろん、そういった「エンジニア」的な発想で取り組まなければならない業務もたくさんあるし、それは法務担当者としての基本的素質であるべきであることには疑いがない。

一方で、AIなどのテクノロジーの進化は、既存の問いに対する回答を容易に出してくれることも確かである。しかし、新型コロナウイルスにおけるリスクマネジメントの対応のように、日々変化する既存のマニュアルなどでは対応しきれないリスクへの対応については、この「エンジニア」的な思考だけでは不十分であると思われる。

「器用人は多種多様の仕事をやることができる。しかしながらエンジニアとはちがって、仕事の一つ一つについてその計画に即して考案され購入された材料や器具がなければ手が下せぬというようなことはない。……すなわち、いろいろな機会にストックが更新され増加し、また前にものを作ったり壊したりしたときの残りもので維持されているのである。」（レヴィ＝ストロース『野生の思考』大橋保夫訳・みすず書房〔一九七六年〕二三頁）

今まで経験したことのない事象に立ち向かっていくことは、単なる法的三段論法を駆使して、ある意味エンジニア的に答えがでてくるというものでは決してない。今までにない課題であり、そこには既存の法律やルールで対応するというものでもない。

更には、環境問題の高まりの中で、地球が有限であるという当たり前のことに気づいてしまったわたしたちは、今ある資源でいろいろやっていかなければならない。

人と人との対面での対話も制限され、移動もままならない中で、やっていくには、正に今まで何気なく集めてきた知識や経験といった「残りもの」をつなぎ合わせて、解決していくのが一番の方法であると思われる。自分や身近にある「残りもの」を上手くつなぎ合わせることで、偶然何かが生まれることもあるだろう。それこそが、今法務担当者がなすべき「丁寧な」仕事ではないかと私は思うのである。

そしてその対応法は、まさにコロナ禍において様々制限された中でやっていくという対応に近いのではないだろうか。

新型コロナウイルスによって、わたしたちに様々な制約をもたらした。しかし、この新型コロナウイルスによって、これからの人々の「自由と平等」そして「人権」が守られた社会を作っていくために、企業は自ら行動しなければならなくなっているし、わたしたち企業法務はこれを支えることができる存在である。

SDGsやESGや「グレート・リセット」に対応していくためにも、私たちは、知識を知恵に変えて、この新しい常態において、「法務の力」で社会課題・事業課題を解決していくことができるはずであるし、なさなければいけない責任もあると思われる。

そして、更に重要なことがある。

約一三〇〇社の法務担当者が集う経営法友会において幹事を務めている私は、その緊急企画でも記したが、あらためてここに再掲したい。


このコロナ禍で、もう一つわたしたちが学んだことがある。

それは、「連帯」である。

変化の声を上げるのは一人かもしれない。でも連帯して声を上げるとそれは変化を生み出すことも学んだのではないか。

「連帯」と「クリエーション」

忘れてはならない。

これこそが、企業法務の新しい、そして当たり前の日常となるのではないかと一ミリのぶれもなくわたしは確信している。

十二　虹を架ける仕事

コロナ禍において、ロンドンやニューヨークの街角のいたるところで、医療従事者や清掃員などへの感謝の意のために、子供たちが虹の絵を描いて自宅の窓に掲げたことは記憶に新しい。

また、人種はもちろん、LGBT(あるいはLGBTQなど)の開放の象徴として、虹色の旗が掲げられることがある。

"Black Lives Matter"に代表されるように、まだまだ、世界では様々な差別があったりするし、個人が個性を生かして生きにくかったりすることも現実である。そして、皮肉なことに、新型コロナウイルスは人を区別することなく、「平等」に感染を拡大し、全ての人が行動の自由を奪われ、生活が様々制限されてしまった。

わたしは、共通の希望と感謝の「しるし」が虹であることは偶然ではないような気がしている。

虹についてわたしが思い出すのは、子供のころ読んだ北欧神話に出てくる「ビフロストの橋」というものである。

これは神々が暮らす土地と人間が暮らす土地をつなぐものとして描かれていて、虹を渡って神々が暮らす土地に行こうというイメージをもったものである。

そして、そんな虹の色が七色であるというのは、全世界共通ではなく、八色に見える国もあれば三色に見える国もある。更に人によって様々な色が見えるし、色が見えない人もいる。

ただ、共通しているのは、虹が今いる場所から別のどこかに行くために希望を持って架けられる橋であるというものである。

宇田川元一准教授の著書に『他者と働く』というものがある。そこでは、組織内で起こる問題を解決する手法として、「対話」の重要性が述べられ、部門間等にある「溝」に「橋を架ける」というイメージが描かれている。[4]

わたしたち企業法務は、新しい様々な課題を解決していくために、「法律」や「ルール」という土台を確立しながら、まさに「橋を架ける」そして、それも「虹色の橋を架ける」ということが仕事なのではないかと思うようになった。

虹色の素材は何でもいいし、その色の数もそれぞれ違っていてもいいのだと思う。架ける虹も社会課題を解決するという大きなことでもいいし、身近な職場の課題を解決するということでもいい。

もう一度思い出してみよう。人と人をつなぐのが、法律であり契約であるのだ。

わたしたち企業法務は人と人とを「契約」という手段で「結び付けて」きた。これからは、SDGsの目標の実現を目指しながら、まだある差別を解消し、自由を奪われている人々に、ほんとうの「自由と平等」をもたらすために、人と人を結びつけ、これから何度でも襲ってくるに違いない様々な新型コロナウイルスのような課題に「連帯して」立ち向かっていく、そんな一翼をわたしたち企業法務が担っていくことができるのではないかと考えている。

これからの企業法務は、「あり合わせの材料を使いながら、丁寧な仕事によって、課題という溝に、連帯しながら、それぞれ異なる色の虹の橋を架けていく」仕事になるに違いない。

虹は消えてしまうかもしれない。しかし、太古の昔から雨が降った後、必ず晴れるし、晴れたら虹は架かってきた。そしても、これからも虹は架かり続ける。そう、何度でも虹を架けることはできるのだ。

わたしは、そんな希望を持っている。

十三　まだ生まれていない法務担当者へ

最後になるが、まだ生まれていない、将来の法務担当者に向けて、手紙を書いてみた。


あなたは、学生時代の終わりを迎え、ご自身の希望された会社に無事入社されたのかもしれません。あるいは、司法修習を終えて、インハウスローヤーとして、ご自身の学んだことを生かそうと張り切っておられるのかもしれません。

あなたの会社には何名の法務部員がいらっしゃるでしょうか。おそらく、性別も、国籍も、年齢も異なる様々なバックグラウンドを持った方がいらっしゃると思います。とは言っても、オフィスに全員顔を揃えることはないでしょうから、チームの全員と会うには、一か月以上かかることでしょう。でも、一度会うと、まるで昔から一緒に

［4］宇田川元一『他者と働く』（ニューズピックス〔二〇一九年〕）

働いていたような不思議な安心感があるかもしれません。なぜなら、あなたの大学、あるいはロースクールには、あなたの会社の先輩が何度も企業法務の面白さ、やりがいを伝えに来てくれたためで、その先輩の話を聞いて、あなたはこの会社に就職することを選択したんでしたよね。

出社初日のことを覚えていますか？　あなた宛に契約書の審査依頼がやってきました。ほとんどの契約書は、予めＡＩにより事前にレビューされており、相手方も同じシステムを使っているため、日々の契約審査はほぼ自動化されているのですが、新しい取引形態で、まだＡＩが学んでいないことは、法務担当者がしっかりとレビューするのですよね。

その新しい取引って、一体どんな取引なのでしょうか？　売買でもなさそうだし（すみません。売買契約をレビューすることなんて、今では歌舞伎とか能のように美意識を突き詰めるものになっていましたね）、法律には書いていないようですね。

あなたは、大学あるいはロースクールで学んだ法律の知識を使って事業部からヒアリング（といってもチャットでのやりとりですが）をしましたが、そのビジネスをなぜ始めるのかが、まだ腹落ちしていないみたいですね。

でもそのビジネスは、あなたの会社の利益を生むだけではなく、この国あるいは世界の環境を維持するために重要なものですよね。確かに投資額は大きいし、様々なプレイヤーが関与するため、法律上の複雑性はもとより、手続上の面倒は大きそうですね。

相手方には、あなたの親よりも年上の、ベテランの元法務部長がいるようですね。私は昔彼と契約交渉しましたが、かなりのやり手でしたよ。ただ、その元法務部長は、伊豆の自宅に数万冊の書籍に囲まれて、新しい案件に、今では誰も見向きもしない論点を持ち出して、交渉や訴訟に勝っていると聞きました。彼は、いつも一つの課題について、法律はもちろん、会計や税務、ある時は哲学まで持ち出して議論していましたね。今はどうかはわかりませんが。

入社したばかりなのに、そんな相手と契約交渉するのは不公平と思っているのでしょうか。

でも、仕方ないですね。あなたの親があなたくらいの年齢の頃、世界中に「新型コロナウイルス」というのが蔓延したのです。それをきっかけに、世界が変わりました。あなたには信じられないかもしれませんが、日本には「年功序列」と言って、スキルや能力に関係なく、年齢によって、役職（あ、あなたの世界では、社長以外の役職はなくなっていますね。すみません）が決まったり、お給料も年齢によって決まっていたのですよ（であれば、わたしなど今頃大富豪ですね）。

それに、毎日決まった時間に満員電車（そうです。夏休みになると、鉄道会社がこぞって特別列車を走らせるあれです。今では追加料金を払って、予約しないと乗れないものですが、わたしが若い頃には、満員電車に乗らないために追加料金を払っていましたよ）に乗って通勤していたのですよ。

あなたにとっては、週に一度の都心にくる日で、それはそれで楽しみの日なのでしょう。でも、毎日だと飽き飽きしますよ。

話が横に逸れてしまいましたね。でもあなたが入社され、法務部に配属されたということは、すでに法務としての能力・スキルを見込まれたからでしょう。でも、これから、その知識だけでは上手くいかないことをどんどん学ぶのでしょう。

あなたが、仕事を行っていく上で必要なことは何か、お伝えしたいので、少しお付き合いください。

もはや、社内で締結される契約書のうち、法務部がレビューしなければならないのは、一割くらいになっていますね。その大部分がＡＩシステムによって、相手方とＡＩ同士で交渉され、数秒後に締結されていますからね。

それに、今では、あなたがある案件で調べ物がしたいとなったら、グローバルなリーガルのネットワークに問い合わせをすれば、各地の専門家から、翌日には（時差だけはどうしようもありませんからね）詳細な回答が送られてきますね。

例えば、競争法なら、アメリカの子会社のリーガルが詳しいですし、データなら何と言っても、フランスのリーガルが第一人者でしょう。もちろん、あなたも、労働法や、下請法といった弱者保護的な法律については、世界に貢献できますよ。新型コロナウイルスによって、世界の考え方が変わったのです。

物理的には、サプライチェーンや人の行き来は、国や地方ごとに閉じていきました し、感染を恐れたので、物理的なシェアリングエコノミーは一旦縮小したんですよね。

しかし、知恵・知識・情報などは会社を越え、世界中でシェアされるようになったのです。つまり、知恵のシェアリングが拡大していきました。

新型コロナウイルスという目に見えない敵と戦うには、今は、人類は一致団結しなければならないと気づいたのです。あなたもこれから身に着けていくであろう、経験や知恵をどんどんシェアしていってください。今はお金ではなく、知恵と知恵を交換していくことになったのです。

そう、昔バーナード・ショーという作家が、こんなことを言っていました。

「もし君と僕がりんごを交換したら、持っているりんごはやはり、一つずつだ。でも、もし君と僕がアイデアを交換したら、持っているアイデアは二つずつになる。」ようやくみんなが、この言葉の意味を知ったというわけですね。

でもあなたは疑問に思っているでしょう。毎日仕事をしている中で、どのようにしたら成長を実感できるのかと言うでしょう。

あなたが、法学部やロースクールで学んだことは、所謂法的三段論法というものですよね。

ルールや枠組みに事実を当てはめて結論を導き出すというものです。それは法務担当者として必須の能力だし、日々どんどん事実に当たっていってもらいたいものです。しかし、今の時代、ルールが不明確だったり、前提が変化して、今のルールでは対応できないことも増えているのではないでしょうか？

でも、人と人がつながって生活していく上で、基準やルールって必要なんですよね。特にあなたが働いている今の環境は毎日毎日人が顔を直接合わせて仕事をするわけではないですし、人の移動が縮小して、モノやサービスが移動するようになっているので、曖昧さがトラブルを招くことになっていると思います。

そして、ますますルールや基準が必要になっているのです。ルールと言うと人の行動を縛るという意味合いが強いのですが、どんな遊びにもルールがある通り、約束の枠組みを作らないと、人は行動できないものですからね。

人は人とつながることでしか生きられないものです。それは物理的な距離はあったとしても心理的なつながり、信頼がないと生きられないのです。

あなたも子供のころからよく知っているとおり、人の生活や動き方が毎年変化している中で、新しいビジネスやサービスが生まれています。法律の作り方はあまり変わっていないので、どうしてもフィットしないことが多いですね。

そこで必要なのは、りんごではなく、アイデアを交換することなのだと思いませんか？

世界中の仲間はもちろん、あなたが来月から受講することになる新人法務担当者向け研修で知り合うことになる他社の法務担当者もあなたの仲間です。

そして、あなたの上司やあなたの先輩達、これからできるはずの後輩も仲間なのです。

そういう仲間で、アイデアを交換して、新しいルールを作ってみましょう。

わたしが法務の仕事を始めたころは、法律というのは、国が作って、それをどのようにしたら順守できるかということを中心に考えていましたが（もちろん、それは重要なことですよ）、今は、中央で全てが決まっていく時代ではなくなっていますよね。

地域だけでなく、職業、趣味、活動など様々な組み合わせごとに、リアルはもちろんバーチャルでつながった様々なコミュニティができあがっていますよね。

そしてそのコミュニティごとにルールやガイドラインを作っていって、それをみんながアイデアを出し合って日々改善しているんですよ。

そこでこそ法務担当者であるのあなたの出番です。

そして、法的三段論法を最大限生かしつつ、日々発生する事実から帰納法を使って、新しいルールを作っていきましょう。

過去の判例だけでなく、未来への想像力を使っていきましょう。

具体だけでなく、抽象を使って。

そしてその仲間と作るルールは、みんなを自由にするためのルールです。

不確実な不安定な時代を安心して前に進むためのルールです。道路のセンターラインみたいなものかもしれませんね。

世界はこれからも変わっていくことでしょう。

これからも、新しい技術が生まれるでしょう。人々の行動や考え方を一変させることがこれからも起こる可能性もあります。

あなたはそんな時に不安になるかもしれません。先が見えなくなるかもしれません。慌てふためくかもしれませんね。

でも、ほんとうの「自由と平等」をもたらして、社会をよりよくしていくという意思があれば、あなたはもう立派な法務担当者です。

そして、あなたに法務担当者として一番重要な素質が備わっていれば怖いものはありません。

それはどのような素質なのでしょうか。

新型コロナウイルスが蔓延した時に、ベストセラーになった本がありました。その一節をあなたに送ることで、この長い手紙を終えることにします。

「今度のことは、ヒロイズムなどという問題じゃないんです。これは誠実さの問題なんです。こんな考え方はあるいは笑われるかもしれませんが、しかしペストと戦う唯一の方法は、誠実さということです。」（アルベール・カミュ『ペスト』宮崎嶺雄訳・新潮文庫〔一九六九年〕二四五頁）

かなり長いあとがき

　この本はもともと、若手企業法務パーソンに、長年企業法務に従事してきたベテランからの仕事の仕方のこつや心構え的なものを出そうということから始まった。本年の二月くらいに構想をはじめ、ゴールデンウィークにかけて仕上げるという算段でアウトラインを作っていた。

　しかし、新型コロナウイルスにより、世界は全て一変した。

　在宅勤務が長期化し、セミナーもウェブになり、街から人々が消えた。長期的なことを考えるよりも、目の前、あと数か月どのようにやっていくのかが主眼となった。テレビは撮影ができなくなり、再放送が中心となった。レストランはテイクアウトや宅配に活路を見出し、ライブハウスは悪者にされ、移動することが忌み嫌われるものとなってしまった。

　いつまで続くかわからないこの状況の中で、今必要なのは、先行きに不安を覚えている若手企業法務担当者あるいは企業法務を目指そうという学生達に希望を与えるものでなければと思うに至った。

そして、全て白紙に戻して、いずれ来るであろうPOST CORONA時代の企業法務について、今考えていることを書かせていただくことにした。

ただ、一部は昨年度様々な媒体に寄稿した拙稿をベースにしたが、実はそのときに考えていたことと今回示そうとしたことに差がなかったことに驚いた。やはり新型コロナウイルスであっても、基本的な考え方を変えることはできなかったのだろうか。


二〇一九年秋には、経済産業省から所謂「令和報告書」が出され、企業法務の新しい姿が提示され、二〇二〇年は Society 5.0 に向けた新しい活動がなされる期待に満ちた年になるはずであった（東京オリンピックに向けて盛り上がりが始まったころでもあった）。

しかし、年が明けたころから、既に新型コロナウイルスはわたしたちの希望をあざ笑うかのように、虎視眈々と世界を変えるべく徐々に感染を拡大させていた。

司法試験が延期され、大学やロースクールの授業も開始が遅れ、セミナーはオンラインになり、新入社員は配属されても歓迎会が開かれることなく、自宅に待機している。事務所に入所した新人弁護士も、ＯＪＴが行われることも難しく、先行きがわからない状態が続いているだろう。

企業法務のベテランや管理職も急激な変化に対応できていないかもしれない。

在宅勤務において、どのようにメンバーを指導し、そしてチームを元気づけていくか。今はただ日々試行錯誤であろう（もちろんわたしもそうである。）。

これはわたしのあまのじゃくな性格なのかもしれないが、こんな時にこそ希望と楽観を語りたいのである。

そう、きれいごとを伝えたいのだ。

その意味ではこの本は何か具体的な処方箋ではないし（新型コロナウイルスの治療薬もまだ開発されていないのだから）、ソーシャル・ディスタンシングの取り方程度の内容かもしれない。

それも二メートルをわかりやすく示すために、両手の幅というものではなく、ジャイアントパンダの大きさという一瞬わからないものを示しているようなものかもしれない。

しかし、わたしは、今こそ、若手法務担当者や学生の皆さんに、企業法務のもっている力や、その楽しさ、やりがいを伝えたいのである。

必ず、ＰＯＳＴ ＣＯＲＯＮＡの時代はくる。

そのときに、この本が単なる歴史書になり、ジャイアントパンダのようになることをわたしは祈っている。

わたしは、法律が苦手であった。というより、嫌いに近いものであった。子供のころからルールとか決まり事が肌に合わなかった。高校生の時に一瞬法学部に進学して弁護士になろうとは思ったものの、やはり根っこからのルール嫌いの性格から、文学部に進学し、哲学科に籍をおいて自分の肌にあうフランス現代思想やら社会学などの本ばかり読んでいた。

縁あって今の会社に就職した後、営業部門に配属されたものの、その後ふとしたことから法務部門に異動し、気づいたときには、もうすぐ四半世紀にわたって、同じ会社で、法務の仕事をすることになる。

今でも決まり事を決まり事のまま受け入れるのが苦手な子供のころからの性格には変わりなく、すぐに「なぜこんなルールなんだろう」、「このルールに意味はあるのか」と考えてしまう。したがって、わたしの法律に対する態度や見方は、弁護士や他の法務担当者のそれとは異なるのかもしれない。

しかし、はっきり言えることは、法務、企業法務の仕事ほどやりがいと楽しさと可能性に溢れている仕事はないということである。二〇年以上やっていても飽きることはないし、日々新たな発見に満ち溢れている。

もちろん、明るい話ばかりでもない。前向きな案件ばかりでもない。人の様々な側面を見ることの辛さ、思い通りにいかないこともたくさんある。それでも法務の仕事が好きであり、その可能性は無限大と確信している。

ふと仕事で上手くいかないときなどに、思い出すフレーズがある。学生のときに下宿で寝転がって読んだある漫画の一節である。

不登校になった娘が、同じく勝手に会社を辞めた父と何でも屋を始めるというものであるが、大人になった娘がその仕事を始めた日のことを思い出して次のようにつぶやく。

「考えてみれば、あの日のあたしは、まぶしい永遠の夏休みを手に入れたのだと思う。計画する。実行する。失敗する。出会う。知る。発見する冒険とスリル。自由と喜び。今、私は海外出張から戻ったところだが、海で思いきり泳いだ後のような気分がしている」

（大島弓子『毎日が夏休み』角川書店〔一九九〇年〕）

そして、カミュの『ペスト』においてもこのような場面がある。感染が広まり海水浴が禁止されている中で、主人公たちが夜の海で泳ぐ場面である。

「再び服を着てしまうと、二人は一言も発することなく帰途についた。しかし、二人は同じような気持ちをいだいていたし、この夜の思い出は二人にとって快い思い出であった。遠くからペストの哨兵の姿を認めたとき、リウーは、タルーもまた彼と同様に、こう心につぶやいていることを知っていた——病疫も今しがたは彼らを忘れていたし、それはいいことだった、そして今や再びはじめねばならぬと。」（カミュ『ペスト』宮崎嶺雄訳・新潮文庫〔一九六九年〕三八三頁）

さあ、再びはじめよう。何度でもはじめよう。

そして、来年の夏休みこそ、太陽の下で歓声を上げながら、あの海で泳ぐのだ。

本書は、経営法友会でご一緒した浅沼亨氏と西巻絢子氏からの提案に基づき執筆された。お二人のご尽力がなければ到底出すことができなかった。本当に感謝しかない。

最後に、当社法務部のメンバーの皆さん。このコロナによって、皆さんがいないと本当に何もできないということを痛感した。こんな出来の悪い上司を支えてくれている皆さんには本当に感謝しかない。今度会えるときには是非好きなものを注文してください。わたしが全力でサーブします。

二〇二〇年七月

オリンピックの開かれるはずであった日に、遠くで聞こえる花火の音を聞きつつ、

ハイボール片手にベランダから青色のレインボーブリッジを眺めながら

明司　雅宏

<著者紹介>

明司雅宏（あかし　まさひろ）

サントリーホールディングス株式会社リスクマネジメント本部 法務部 部長
1992年 京都大学文学部哲学科卒業
1992年 サントリー株式会社入社
酒類営業部門・財務部門を経て、法務業務に従事
2017年より現職

主な著書・論文等
・「教科書にないM&Aの実務」NBL834号（2006年）
・「監査等委員会設置会社という選択」旬刊商事法務2067号（2015年）
・「監査等委員会設置会社への移行に当たって――法務担当者の移行へのかかわり方」NBL1050号（2015年）
・『企業法務入門テキスト――ありのままの法務』（共著、商事法務、2016年）
・『新型コロナウイルス影響下の法務対応』（共著、中央経済社、2020年）
・『新型コロナ危機下の企業法務部門』（共著、商事法務、2020年）

希望の法務
――法的三段論法を超えて

2020年10月8日　初版第1刷発行

著　者　明　司　雅　宏

発行者　石　川　雅　規

発行所　株式会社　商　事　法　務

〒103-0025 東京都中央区日本橋茅場町3-9-10
TEL 03-5614-5643・FAX 03-3664-8844〔営業〕
TEL 03-5614-5649〔編集〕
https://www.shojihomu.co.jp/

落丁・乱丁本はお取り替えいたします。　印刷／そうめいコミュニケーションプリンティング

Shojihomu Co., Ltd.
ISBN978-4-7857-2809-0
＊定価はカバーに表示してあります。